Es ist die Seele ein Fremdes auf Erden

Für Walther Killy

Inhalt

1. Kontur eines Lebens

„Trakl glitt, nichtachtend der realen Welt, hölderlinisch in ein unendlich blaues Strömen tödlichen Hinschwindens, das ein Herbstbraun vergeblich zu rahmen trachtete" (Kurt Pinthus, 1920): geschrieben sechs Jahre nach seinem Tod. Er selbst, einundzwanzigjährig: *Ich glaube, es müßte furchtbar sein, immer so zu leben, im Vollgefühl all der animalischen Triebe, die das Leben durch die Zeiten wälzen. Ich habe die fürchterlichsten Möglichkeiten in mir gefühlt, gerochen, getastet und im Blute die Dämonen heulen hören, die tausend Teufel mit ihren Stacheln, die das Fleisch wahnsinnig machen.*

Damals wie heute erscheint die Dichtung, die er hinterlassen hat, rätselhaft und dunkel. Die Mit- und Nachwelt hat ihr Begriffe abzugewinnen versucht, die dieses Dunkel hier und dort, zögernd und flüchtig, erhellen. Am Ende hat man ihn den Dichtern des sogenannten Expressionismus wohl in der Absicht zugerechnet, die poetische Produktion der Epoche zwischen 1910 und 1920 als überpersönliche Antwort auf die Wende eines Zeitalters verstehen zu können. Den einen schrieb er Baudelaire und Rimbaud, den anderen Hölderlin nach: seine im Halbdunkel verbliebene Kontur ward – mit ihnen – als eine der Existenzen erkannt, denen *auf Erden nicht zu helfen* war. Vor allem davon hat diese Dichtung gesprochen. Die Bilder der Traklschen Sprachwelt reden von Ängsten, von unstillbaren Sehnsüchten, die dies knappe Leben begleitet, am Ende zerstört haben. Die Dunkelheit dieser Bilder ist geblieben: die später Lebenden konnten sie dennoch in ihre eigenen Ängste, ihre aufgegebenen Hoffnungen übersetzen. Die mühselig errichteten Mythen um die Gestalt dieses Toten beginnen am Ausgang eines finsteren Jahrhunderts zu zerbrechen: das *schreckliche Dunkel,* über ihm herniederge-stürzt, ist zur Krankengeschichte des Zeitalters geworden. Wer, wie Rilke damals, auch heute noch *wie an Scheiben gepreßt diese Einblicke als Ausgeschlossener* wahrnimmt, wer die Bilder dieser Lyrik allein als einen Raum im Spiegel se-hen will, den zu betreten unmöglich ist, der wendet sich nicht nur ab: der flieht vor dem, was er wahrgenommen hat. Der Wunsch des von erbarmungsloser Schwermut ge-peinigten Mannes, diesen immer fremder und kühler ge-setzten Bildern so etwas wie Befreiung von seinen Qualen abzugewinnen, könnte dem späten Leser sich mitteilen. Denn wohl möglich wäre, daß im unbetretbar erscheinen-den Raum selbst die Ängste sich brechen, wenn es gelänge, ihn zu durchqueren. Dem Leser wird dann sein, als gehe er einem Fluchtweg nach, dessen Halblicht, in das er getaucht ist, ein Halblicht, das durchaus Traumcharakter hat, all-mählich die Realitäten preisgibt, die die seltsam ver-schränkten Bilder verhüllen. Meinen sie im Frühwerk noch die Dinge unmittelbar, an die sie sich wenden, so gewinnen sie in Hast und Unrast des späten, zwischen 1912 und 1914 niedergeschriebenen Werkes *die glühenden Flügel* des Schrecklichen: das ist dem heutigen Leser auf furchtbare Weise vertraut. Unmöglich ist es, in dem, was er hinterließ, heute nur noch die scheinbar gebannte Stille zu lesen, mit der sein Versfall ins *steinerne Haus* einmal zu laden schien. Die Ferne der Jahre hat es gelehrt: am Formelhaften die Erstarrung zu sehen, durchs Metall der Panzerung den Schrei zu hören. So ist es heute, als beginne sich ein Ab-grund zu schließen: einer freilich, der, ein tödliches Mahl-werk, das Bild einer am Ende verhüllenden restaurativen Metaphorik von den *Todesmühlen* grauenhaft hörbar macht. Was Trakl vor acht Jahrzehnten schrieb, beginnt nun, ganz allgemein, *die Pfade des nächtigen Menschen* grell zu beleuchten. Die Ferne also, in die er zu entschwinden beginnt, rückt der Menschheit auf den Leib.

Das Medaillon, in das sein Leben sich fassen ließe, ist

nicht mehr das verblichene, melancholisch herüberblickende: seine feinsten Strukturen sind von der Dichtung selbst gezeichnet. Er ist am 3. Februar 1887 in Salzburg zur Welt gekommen. Schon seine Jugend hat die Spuren von Ängsten und Schuldgefühlen gelegt in der Liebesbeziehung zur Schwester, die auf die Kälte einer Mutter antwortet, deren lebensferne Welt ein mit Antiquitäten gefülltes Zimmer ist: Maria Trakl war dem Sohn fremd bis zum Haß. Wie eine Linderung wird dennoch bis in die späten Gedichte hinein das *Gold* der Kindertage herbeigerufen, die *blaue Höhle* der ersehnten mütterlichen Zuwendung. Er beginnt früh zu schreiben, früh auch, Musikunterricht zu nehmen: vielleicht sehr gebrochene Versuche des Sprechens aus der Vereinsamung. Zeichenhaft macht sie sich in der Gemeinschaft in einem dichten Gemisch aus Eloquenz und kalter Verschlossenheit kenntlich. Die frühen lyrischen Formen, in die er faßt, was ihn zunehmend zu peinigen beginnt, sind nicht von ungefähr verwandten Geistern abgehorcht. Er hat, mit den Geschwistern von der elsässischen Kinderfrau im Französischen unterrichtet, früh Baudelaire und Rimbaud gelesen. Möglich ist, daß Baudelaires *Paradis artificiels* einen ersten Fluchtweg aus den Schuldgefühlen (der Schwester und der Mutter gegenüber) geboten haben; einen Weg, der am Ende zur Selbstzerstörung leitet: seit seinem achtzehnten Jahr nimmt er regelmäßig Rauschmittel. Die Berufswahl wird ihre Beschaffung erleichtern: Er wird zunächst Apothekergehilfe in Salzburg, studiert in Wien Pharmacie, wird Sanitätsoffizier in der Armee.

In der Frühzeit gibt es bereits einige Publikationen, vor allem die Aufführung dramatischer Dichtungen (der Ibsen- und Strindberg-Nachfolge): aber erst 1912 gelangt Trakl an eine größere Öffentlichkeit durch die Zeitschrift *Der Brenner*. Der Herausgeber des angesehenen Journals, Ludwig von Ficker, publiziert fast alle Dichtungen Trakls, ermöglicht ihm, vor allem in den letzten Jahren, oft die nackte Existenz. Alle Versuche in einen Beruf zu gelangen, der ihm diese Existenz sichern könnte, scheitern: paranoide Ängste überwältigen am Ende jede Absicht, in die Lebenspraxis zurückzukehren. Abenteuerliche Versuche, in Albanien oder in den niederländischen Kolonien lebensmögliche Standorte zu gewinnen, schreiben in der Phantasie den zickzackähnlichen Fluchtkurs Rimbauds durch Europa und den Nahen Osten nach, freilich ohne ihm zu folgen: *Zwischen Trübsinn und Trunkenheit verloren, fehlt mir die Kraft und Lust eine Lage zu verändern, die sich täglich unheilvoller gestaltet, bleibt nur mehr der Wunsch, ein Gewitter möchte hereinbrechen und mich reinigen oder zerstören.* Im gleichen Jahr, als er dies einem Freund mitteilt, 1913, erscheint in Kurt Wolffs Reihe *Der jüngste Tag* eine von Franz Werfel getroffene Gedichtauswahl; 1914 soll ihr eine weitere folgen: doch zu Beginn des Weltkriegs rückt Trakl als Medikamentenakzessist ins Feld. Briefe und Karten, die er aus dem galizischen Feldzug in die Heimat schickt, sprechen von *unendlicher Traurigkeit.* Die Schlacht bei Grodék zieht dann gleichsam das Entsetzen der Zukunft über die schon in tiefe Schatten gerückte Seele dieses Mannes. Zwei Tage und Nächte lang muß er allein neunzig schreiende, wimmernde, dem Tod ausgelieferte Schwerverletzte versorgen. Nach einem Selbstmordversuch wird der von Depressionen Geschüttelte nach Krakau gebracht. Im Armeehospital stirbt Georg Trakl, siebenundzwanzigjährig, in der Nacht vom 3. zum 4. November 1914 an einer Überdosis Kokain. Er wird rasch begraben. Elf Jahre später überführt man die Gebeine nach Mühlau bei Innsbruck.

Ein nicht nur von Zeit und Ferne verdunkeltes Medaillon: Vom *dunklen Grund,* dem diese Kunst entwachsen ist, sprach auch das Werk von Zeitgenossen – das Mahlers und Munchs vor allem. Auch bei ihnen wird heute nicht mehr wie vom schrecklich Absonderlichen gesprochen; spät hat sich die Einsicht durchgesetzt, daß das *Eigene immer schwarz und nah* sei – und von nichts anderem ist ja hier wie dort die Rede. Wohl heimst die Kulturgesellschaft immer noch das Kunstprodukt ein und deckt mit ihm als Beute (oder Ware) seine verdüsterte Abkunft zu; nur Wenige haben begonnen, schärfer mit der Nachtseite seiner Entstehungsmomente zu rechnen – mit dem, was Trakl das *infernalische Chaos von Rhythmen und Bildern* geheißen hat; seine Dichtung läßt am Ende sich diesem *Chaos* nicht entziehen. Aber gerade unter den Wenigen, die in die Welt seines *unendlichen Wohllauts* einzutreten versuchten, blieb die Neigung, das Schreckliche in ihr zu fliehen, das in ihnen selbst mit Aufstand drohte. So hat die Nachwelt wohl eine Weile noch von einer Trakl-*Kirche* geredet. Das ist ein zwiefältiges Bild. Die in stille Bilder gebannte Sprache mochte den Schutz, den sie ums in Wahrheit Gemeinte gelegt hat, wie einen Tempel erscheinen lassen, der entsprechend gesammelt zu betreten war. Anders aber hat man durchaus das erstarrt Sakrale dieses Kirchen-Baus in dem *grauenvollen Zwielicht* gesehen, das ihn umgeben hat.

Dem gegenwärtigen Blick hinterließ Trakls *tödliches Hinschwinden* den Riß einer Spur in *Schwärze und Schweigen:* am Ausgang einer Epoche, die er *im Dunkel enden* sah, einer Zeit, die *überfließend von höllischen Fratzen* zur Kontur ihrer selbst geworden ist. So werden auch für ihn, ebenso wie für alle, denen *auf Erden nicht zu helfen war,* Zuordnungen riskanter: nichts ist es mit dem Impressionismus, nichts mit dem Expressionismus; selbst die Schatten, die große Vorfahren über ihn warfen, machen das Verständnis nicht besser als bis an jene von Benn markierte Linie, daß *Leiden am Bewußtsein leiden* heiße: seiner Kunst ist so wenig wie der aller andern das eingebrannte Leiden zu entziehen – auch mit dem abirrenden Blick des interesselosen Wohlgefallens ist es also nichts. So bliebe schlimmstenfalls allein der historische Kontext hilfreich für jene, bei denen es ohne Epochenbegriffe nicht abgeht: Trakl kam dreißig Jahre nach Publikation der *Fleurs du mal* zur Welt, zwanzig Jahre nach dem Tod des Mannes, der diesen Zyklus zu Papier gebracht hatte, in dem zu lesen ist: *Ich fühle* schwere Schrecken auf mich stürzen und schwarze Scharen wimmelnder Gespenster, die mich auf Straßen drängen, die entgleiten und die ein blutiger Horizont auf allen Seiten sperrt. Trakl kam in diese bittere Welt vier Jahre vor dem Tod Rimbauds, dessen Werk auf den Satz zusammengeschmolzen war: J'écrivais des silences. Das hölderlinisch unendlich blaue Strömen war, von einer blinden Nachwelt, dem Untergang des über vier Jahrzehnte vor Trakls Geburt in Tübingen Begrabenen abgelauscht, der den Himmel als ehern Gewölbe erkannt und gewußt hat, daß Fluch die Glieder des Menschen lähmt. Der historische Kontext also: aber selbst dort noch, wo man im Blick auf die Naturgedichte auf der Hölderlin-Nachfolge zu bestehen wünschte, wäre erkennbar zu machen, daß Hölderlins aorgische, teilnahmslose Natur noch unabhängig vom Menschenbild gesehen war. Trakl hat im düsteren Abbild der Natur das des Menschen wiedererkannt: Schweigend jagt Den Himmel mit zerbrochenen Masten die Nacht.

Allein von ihm selbst ausgehend, Traditionen gleichwohl nicht völlig außer Acht lassend, wird möglich sein, auch das in seiner Dichtung zu verstehen, was er, auch vor sich selbst, in Finsternis gehüllt hat. Denn wenn es Trakl, mit dem Blick auf Umnachtung und Untergang des historisch vorgerissenen Horizonts, nur noch möglich war, das äußerste Entsetzen durch Verschweigen zu sagen, so kann man, Jahrzehnte nach seinem Tod, seine Verse auch in zwei Richtungen lesen: nicht nur auf ihren Leser sondern auch auf den Schreibenden hin gesprochen. Vor dem, was sie an erinnerten Schrecken, an dumpfen Schuldgefühlen zunehmend einzumauern begannen, muß er gleichsam selbst zurückgefahren sein. Auch begannen die Bilder, die diese Verse zusammenführten, sich mit einer begründbaren Monotonie zu wiederholen. Es war durchaus nicht immer ein Starren auf das ‚Alte Schlimme', wenngleich das Zwanghafte an diesem Verfahren offen zutage liegt. In einem weiteren Sinn aber bot es spiegelbildlich die von

Nietzsche entsetzt erkannte *Ewige Wiederkehr*. In der Wiederholung des immer Gleichen bildete sich die Grundform des urgeschichtlichen Bewußtseins ab; wohl auch die mit den Jahren tonloser werdende Hoffnung, mithilfe der stets aufs neue heraufgerufenen Bilder sei Befreiung von dem möglich, was diese Bilder in ihrer Ur-Form meinten. Was er bei Nietzsche gelesen hatte, muß dennoch zu tiefe Schatten geworfen haben: *Denken wir diesen Gedanken in seiner furchtbarsten Form: das Dasein, so wie es ist, ohne Sinn und Ziel, aber unvermeidlich wiederkehrend, ohne ein Finale ins Nichts: die ewige Wiederkehr.* Die historische Erfahrung, daß die Welt von sich selber lebe, daß *ihre Excremente ihre Nahrung* seien [Nietzsche], versperrt in dem Moment, da sie sich auch als Erfahrung aus der Persönlichkeitsgeschichte mitzuteilen beginnt, jede Hoffnung auf Erlösung: die Welt ist, was der Mensch ist.

Möglich ist, daß manches Rätsel in Trakls Dichtung sich erhellte, wenn sich atavistische Züge ihm abhorchen ließen: in ihnen wäre dann der Grund zu sehen, aus dem die Kraft des Wünschens kommt, das Grauen und Entsetzen endlich bannt. Es ist nicht möglich, den Spiegel, *dieses verfluchte Jahrhundert,* zu verhüllen, aber – wie in der frühen Kinderzeit – verhüllt man das eigene Gesicht. Und mit dem Gesicht, das einem vor jedem Spiegel Grauen einflößen muß, sind auch Greuel und Entsetzen verschwunden. Das konnte nicht lange gut gehen. Mit den sich häufenden Wiederholungen von Bild- und Versfolgen im Spätwerk wird auch endlich dem Verdüsterten die Unaufhebbarkeit der Ewigen Wiederkehr erkennbar.

Gegen das Ende zu tritt jene an Versteinerung grenzende Sanftheit hervor; auch sie hat zum Eintritt in die Trakl-*Kirche* gebeten. Das mönchisch immer gleiche Einerlei der Wiederholungen hat jenen, die diesen Bau betraten, auch den Blick auf den Abgrund der Sprachlosigkeit verwehrt, der in jeder nur denkbaren Perspektive nichts anderes mehr als ein Fortstammeln zuließ.

So war auch der *unendliche Wohllaut,* von dem ein Brief sechs Jahre vor seinem Tod noch gesprochen hat, am Ende nur noch Klang, weniger Rätsel: Erschöpfung. Er erinnert an jenen Atemzug, der den Hörnerschall in Mahlers Vierter Symphonie verbindet. Das Ohr fragt sich, ob es Jagd- oder Totenhörner vernommen habe.

Von hier ausgehend wird begreiflicher, warum viele Gedichte der letzten Lebensjahre eine Verkettung von Zeilen und Bildern untereinander gar nicht mehr zulassen. Die Deutung, allein assoziatives Verfahren habe diesen Bau so seltsam schiefkantig gemacht, bietet nur den Schein einer einleuchtenden Erklärung. Über sein Schicksal hinaus mag zeitgenössisch gewesen sein, was die Brechung von Bildern und Sätzen gegeneinander erzwungen hat. Auch Feiningers Malerei gewann, während des Weltkriegs, diese prismatisch geschnittene Struktur: In den Linien verrätselt, wird das Bild erst gleichsam in den Überstrahlungen der Bruchkanten sichtbar. Die Handschriften der späten Lyrik Trakls zeigen wie diese selbst in der frierend eng geführten Kalligraphie die Gefangenschaft des Vokabulars und zugleich die mächtige Abwehr des Infernos: Schutz nach außen und Schutz nach innen; Durchbruchsgefahr an jeder Stelle: *heimgesucht von unsäglichen Erschütterungen, von denen ich nicht weiß ob sie mich zerstören oder vollenden wollen.* Wohl war der Anlaß des *sprachlosen Schmerzes* darüber, daß *mein Leben in wenigen Tagen unsäglich zerbrochen worden ist,* im Spätjahr 1913 die Ahnung, daß das Kind seiner Schwester Grete auch das seine sei, aber das Bewußtsein, *daß die Seele in diesem unseeligen von Schwermut verpesteten Körper nicht mehr wird wohnen wollen und können,* war gleichwohl schon alt geworden. Ängste von außen, Ängste von innen: die schmale dünne Schrift, feinen Säulen gleich, gewinnt mit dem, was sie festhält, den späten Gedichten, vollständige Identität: *Sieh ein ängstlicher Kahn versinkt Unter Sternen Dem schweigenden Antlitz der Nacht.* In den Schatten dieser Linien kündigen sich Ruinen mit fürchterlich sakraler Zartheit an. *Der Tod ist furchtbar, weil ein Sturz*, hat er Däubler gegenüber geäußert.

Dennoch ist, was die Erinnerung an die Kindheit rettend festhält, noch im Übergang zum Spätwerk erhalten geblieben. Nicht nur taucht sie, fahl erinnert, in kleinen Bildern immer wieder auf: oft hat selbst der Strophenbau das träumerisch Kindliche behutsam geschichteter Türme und Areale. Vieles aus dieser Kindheit muß ängstlich verborgen oder verrätselt werden. In kleinen Lichtflecken wird die Sehnsucht nach ihrer Wiederkunft sichtbar: *Ein goldener Kahn Schaukelt, Elis, dein Herz am einsamen Himmel.* Ein Lichteinfall nur: *hinter dem Hügel ist es schon Winter geworden.* So sind auch die Namen *Endymion, Elis, Helian, Sebastian* wohl nicht allein als Ich-Inkarnationen zu erkennen: in sie, deren etymologische Herkunft aus guten Gründen nicht zu entschlüsseln ist, sind die Vorstellungsmuster des lesenden Kindes eingegangen: sie haben noch die Schatten jener mythischen Helden, mit denen es sich einst schon identifizierte. Der *Untergang* der Kindheit wird dann die Enthüllung jenes Spiegels sein, in dem sich das wahre, das eigene Gesicht, fern vom mythischen Beiwerk erkennen muß: *Da Helians Seele sich im rosigen Spiegel beschaut Und Schnee und Aussatz von seiner Stirn sinken.* Das Bild, das er, aus Berlin vom Krankenbett der Schwester zurückkehrend, im Innsbrucker Atelier Max von Esterles von sich malte, hat diesen Ausdruck; Elis oder Helian könnte es heißen: es hat das schreiende Zusammenfahren vor den erinnerten Bildern, ein Entsetzen, schon weit jenseits der melancholischen Ironie, mit der er einmal brieflich mitteilt, er werde *am Ende doch immer ein armer Kaspar Hauser* bleiben. Übertragungs- und Erlösungswünsche umfassen im Moment, wo die innere Not nicht mehr zu bergen ist, schließlich das Jahrhundert selbst, dessen Erscheinungsbild das Grauen dieses Einzelnen einzuholen begann. Was er schrieb, beugte sich nun der Erkenntnis, daß die *schwarze Hölle im Herzen* zum Allgemeinbefund geworden, daß sie die Vernunft und mit ihr die Wahrheit, die noch über ihr vermutet wurde, aufgekündigt, ja aufzuzehren begonnen hatte: Die *Menschheit* war vor den selbsterrichteten *Feuerschlünden aufgestellt.* Der Greuel war externalisiert. Die *finstere Tat, im Zwiespalt deines Wesens, vom Selbstverlorenen auf eisigen Gipfeln* stets gefürchtet, fuhr nun in die Welt des *unendlichen Wohllauts.* Aus den Mündern jener, die ihm vorausgegangen waren, hatte Trakl längst gehört, was dieses Jahrhundert zeichnen würde beim unaufhaltsamen, ja stürzenden Fortgang der Bemächtigungs- und Zerstörungswut. Der große Diskurs in der Geistesgeschichte war in jenen Erosionsprozeß gerissen, dem Trakl Mensch, Land und Städte verfallen sah: nicht ein *Feuersturm* fegte sie dahin [wie bei Heym]: sie zerfielen, *verwesten.* Die Groß-Editionen der Klassiker waren die Ruinen dieses großen Diskurses schon selbst. Er wurde nur noch vernommen hie und da, wenn Schicksale wie das Trakls, Fackeln ähnlich, in der Finsternis erschienen. Ihr eigener Schauder aber vor der *Kühle aus klagendem Mund* blieb der Mitwelt am Ende nur noch ein *Seufzen von Schatten.*

Es könnte sein, daß heute in den *sich pandemisch verbreitenden psychischen Krankheiten* [Wollschläger] eine weiträumigere Perspektive sichtbar wird als das über Trakl niedergebrochene Schuldgefühl darüber, daß er mit dem eigenen auch das Leben der Schwester *stürmischer Schwermut* durch Inzest und Drogenabhängigkeit zerstört hat. Seine *verbrecherische Melancholie* ist fahler geworden vorm Hintergrund einer Gesellschaft, die die Mächte, unter denen er litt, nicht zerbrach; die sich ihrer Vernunft begeben hat, den seelischen *Tod in sich hineinschlingt* [Wollschläger] und mit ihm die Selbstvernichtung institutionalisiert.

Seine Schuld gewann ihre Bitternis aus anderen Zusammenhängen. Er wuchs im [von der Mutter und der *k. u. k. Übungsschule* geförderten] Klima der katholischen Sündenlehre auf: die *peccata irremissibilia sive mortalia* hat ihn bis in den leiblichen Tod verfolgt. Die Liebe der Mutter hätte ihm den *Verlust des Gnadenstandes* [vor sich selbst: denn er wurde protestantisch erzogen; der Vater war Protestant] vielleicht ersparen können. Zu grausam aber war der Schatten, den Maria Trakl als strafende Instanz über den anderen Erlösungsweg geworfen hatte. Kaum abzuwehren ist dabei der Eindruck, daß dies auch im städtischen Klima, das seine Kindheit umgeben hat, seinen Zusammenhang findet. Nie ist es dem Bürgertum in Salzburg gelungen, sich gegen die geistliche Macht durchzusetzen, die noch in der Kontur der Vedute diesseits des Idylls ihre Gewalt bewies. Die erzbischöfliche Feste Hohensalzburg hat ihren Schatten über die Stadt geworfen: die Ausweisung der Juden, die gewaltsame Beendigung des Bauernaufstands, der Exodus der reformatorischen Bewegung schrumpfen noch heute unter diesem Schatten zu kaum wahrgenommenen Rissen in der historischen Struktur: von den Leidensbildern, die auch das erzbischöfliche Archiv bewahrt, mußte die schreiende Farbe ihrer wahren Geschichte nicht getilgt werden: schon der kalte Blick der Urkunden, den die Institution ihnen zuwarf, hat diese Farbe aufgezehrt. Ihr Elementares schlug immer wieder zurück in die alten, unaufhebbaren Verhältnisse. Sie binden Individualgeschichte mit einer Heftigkeit an sich, daß noch ein allerletzter Versuch ihr zu entkommen, nicht als Linderung der Leiden sondern als schauerliche Wunde erscheint. Trakls späte Lyrik, unter dieser Perspektive vor die Augen gerückt, macht denn auch sein Verständnis einer Wahrheit offenbar, die in einem düsteren Felde steht und die Züge jener quälenden Not annimmt, wie sie ihm in seinen letzten Lebensmonaten im Werk Søren Kierkegaards begegnet ist (s. S. 83). So hatte seinem *Gnoti seauton,* das nicht vom Licht der Aufklärung erleuchtet war, institutionalisierte Unterdrückungsgewalt die Kehle abgeschnürt. Sie ging, auch ihm, am Ende ans Leben. Kaum ist daran zu zweifeln, daß diese Sündenordnung, deren gewalttätige Selbstherrlichkeit dem der *Todsünde* Verfallenen seine Unerlösbarkeit einredet, die furchtbare Schwermut dieses Mannes vertieft, ja Teil an seiner Paranoia gehabt hat. Wer von dem seinen als einem von *Kot und Fäulnis verpesteten Körper* spricht, der redet in der Sprache der Bibel: sie wird vermittelt und nicht erfunden. Ein Funken großer aufklärerischer Tradition hätte ihn nicht *erlöst,* aber mit seiner Schuld leben gelehrt: *Es ist kein Gedanke, daß Sünde vergeben werde: jeder wird wohl mit allen seinen bösen und guten Werken hingehen müssen, wohin ihn seine Natur führt. Eine mißverstandene Humanität hat den Irrthum zum Unglück des Menschengeschlechts aufgestellt und fortgepflanzt: und nun wickeln sich die Theologen so fein als möglich in Distinktionen herum, welche die Sache durchaus nicht besser machen. Was ein Mensch gefehlt hat, bleibt in Ewigkeit gefehlt; es läßt sich keine einzige Folge einer einzigen That aus der Kette der Dinge herausreißen. Die Schwachheiten der Natur sind durch die Natur selbst gegeben, und die Herrscherin Vernunft soll sie durch ihre Stärke zu leiten und zu vermindern suchen.* [Johann Gottfried Seume] Anders wäre nie in die Gesteinsschichten eines Schuldzusammenhangs einzudringen gewesen, deren Untersuchung befreiend gewirkt und ihn auf einer anderen Ebene trauerfähig gemacht hätte. Er hatte am Ende sich *müde geschrien,* wie der Psalmist, *müde der Wildnis und Verzweiflung finsterer Wintertage:* von einer Sündenlehre verstoßen, die nur den gott-, nicht den *menschenverlassenen Bruder* sah, der ihre Vorstellungen vom *Höllen*feuer endlich internalisiert hatte.

Er wußte wohl, daß die Perspektive seiner eigenen Schuld nun Züge anzunehmen begann, die in der Vernichtung aller auch den Willen zur Selbstzerstörung zeigten: alles Lebendige war ans Messer geliefert. Und nur Menschen wie ihm war es gegeben, das alles Überwältigende schon darin zu erkennen, daß *Den Geist* die *schweigende Finsternis* verschlingen werde. Die Angst ließ ihn wünschen: *Wollte Gott, der Weg in dies Dunkel wäre schon an-*

getreten. Der Blick in dieses Dunkel konnte, folgerichtig, die eigene *Spottgestalt aus Kot und Fäulnis* als *ein nur allzu- getreues Spiegelbild eines verfluchten Jahrhunderts* sehen: das war kein Anfall projektiven Befreiungswahns mehr.

Ebenso folgerichtig erscheinen nun in der Spätform der Dichtung, im Herbst 1914, die Überstrahlungen der Bruchkanten zwischen den Bildern und Versen, als zehre ein huschendes Bildfragment das andere auf. Sie gleichen jenen beweglichen Bildfolgen, denen Trakl nach der Schlacht und der Nacht von Grodék noch hatte entkom- men wollen: von Granaten hochgerissene Fontänen, auf- schießende Schatten von Menschenwesen aus Gräben und Unterständen, die in Einschlag und Aufschrei, in Zusam- menfall und Verschwinden ineinanderstürzten – Men- schengeschoß, Granatenmensch. Was viele dieser Verse zu- sammengreifen, verschmilzt also nur zum Schein nicht. Auf der Erdkruste malte sich ab, was Plan und Bau der Men- schenseele zerrüttet, schließlich zermahlen hatte: *knöcherne Maske, die einst Gesang war. Wie schweigsam die Stätte.*

Sicher ist die Metaphorik seiner Dichtung allererst auf die Motive geschrieben, die sein Leben bestimmt haben: wer sie heute liest, kann sich selbst mitlesen. Nicht fremd sein kann ihm, auch heute, die Typik des historischen Ver- laufs: die Ewige Wiederkehr. Fällt auch das Leuchten der Kindheit in einem entrückten Jahrhundert flüchtig darauf – *das Gold der Tage, die schimmernden Alleen, erfüllt von schönen Wägen, kühnen Reitern* –, so wird das alles sehr rasch in eine Umwelt gerissen, deren Städte durch ihn *hin- durchgestürzt* sind, *wie ein Inferno durch einen Verfluchten.* Sieht man solche Bilder zusammen, in einem einzigen, sie- benundzwanzig Jahre währenden Leben, so könnte die Traklsche Metaphorik auch eine Bewegung erkennen las- sen, die ihn von den Urbildern forttrieb. Wie groß die Sehnsucht nach der *Wiederkunft des Vergessenen* [Adorno] auch immer hat sein müssen: Die *Sehnsucht nach der Urzeit* war dem *unerträglichen Druck des Gegenwärtigen* [Adorno] nicht mehr gewachsen. Erschien sie denn einmal, wurde sie sofort vertrieben: vor den *Freuden einer Götterwelt, Die einst dahinsank: Starrt mich des Erdendaseins hohle Maske steinern an, Dahinter Tod und Wahnsinn lauern.* Die Urbilder werden unter metaphorischen Schichten begraben: aus dem Gestein leuchten nur hie und da Adern herauf. Dort, in diesem Bereich liegen die Rätsel, die Trakls Lyrik immer aufbewahren wird. Die Spuren der Urbilder werden nicht gelöscht sondern verwischt. Mit der Flucht vor ihnen, die von der Angst ausgegangen ist, an eine höllenhaft verfratzte Erinnerung ewig geheftet zu bleiben, warf er auch die Hoffnung hinter sich, die Wiederkunft des Vergessenen noch zu erleben. *Stirne im Mund der Nacht:* gesenkt in diese Tiefe haben sie dennoch fern, sehr fern zu ihm gesprochen.

Erinnerungsfähig ist er geblieben: aber die Lebensqual mußte die Erinnerung immer, noch in der Beschwörung ihrer Bilder, als den Grund aller Schuld mißverstehen.

Zahllose Deutungsversuche sind auch an die symptomatische Wiederkehr bestimmter Farben gewendet worden; sie haben das Rätsel noch mehr vertieft, nicht aber dorthin, wo seine Lösungen liegen. Wohl mochten sie selbst, ungemischt auf die Palette gesetzt, ihm, in der Verhüllung von Stigmata, rätselhaft bleiben, ihm die Deutung einer assoziativen Ordnung zulässig gemacht haben. Ein wenig werden, durch die Organisation ihrer Reihung, auch sie gehörte ja zur *heiß errungenen Manier,* gleichwohl die Spiegelräume zu erleuchten sein, in denen er verschwand: denn ihre manieristische Organisation deckt, auch in verfremdetem Zusammenhang, durchaus Erinnerungsströme: die Naturferne der aufgewendeten Farben verweist auf ein Umfeld, das sie als Metaphern kenntlich macht. Die naturalistisch erscheinende Wendung *Hoch im Blau sind Orgelklänge,* selbst sie, ist eine metaphorische Verhüllung für den, der die *Kindheit in blauer Höhe* aufgefunden hat. So haben auch diese Metaphern ihre Zuordnungen von ihm selbst, haben mithin aber auch Zeichen gegeben vom *jahr-hundertealten Verhängnis, das auf den müden Seelen lastet*.

Zwei Aphorismen hat man von ihm überliefert; spricht der eine davon, daß nur dem *Erkenntnis* werde, *der das Glück verachtet*, so erkennt der andere in einem Moment schmerzlicher Hellsicht eine Verkettung von Menschenliebe und unaufhebbarer Schuld, die allein der wahrhaft Leidensfähige sieht: *Gefühl in den Augenblicken totenähnlichen Seins: Alle Menschen sind der Liebe wert. Erwachend fühlst du die Bitternis der Welt; darin ist alle deine ungelöste Schuld; dein Gedicht eine unvollkommene Sühne.*

Hatte Schopenhauer, dessen Werk Trakl ehestens durch Nietzsche kennen konnte, in seinem Hauptwerk gesagt, daß *die Zunge der Waage einstehe,* wenn man *allen Jammer der Welt in die eine und alle Schuld der Welt in die andere* legen würde, so spricht dieses *Erwachen,* die *uneingelöste Schuld* von nichts anderem. Das Dunkel seiner Lyrik redet gleichwohl von der *unvollkommenen Sühne* nicht allein. Als Partitur gelesen, leuchten in sie Sätze Schopenhauers hinein, die nichts anderes sagen als dies: große Musik bilde das Rätsel des Lebens nicht in einem mimetischen Vorgang nach; sie sei das Rätsel selbst: *Wir erkennen in ihr nicht die Nachbildung, Wiederholung irgendeiner Idee der Wesen in der Welt ... (wir) müssen ihr eine viel ernstere und tiefere, sich auf das innerste Wesen der Welt und unser Selbst beziehende Bedeutung zuerkennen, in Hinsicht auf welche die Zahlenverhältnisse, in die sie sich auflösen läßt, sich nicht als das Bezeichnete, sondern selbst erst als das Zeichen verhalten.*

2. Stadt im Gegenlicht

Erst die Dichtung der letzten dreieinhalb Lebensjahre beginnt mit der Kindheit auch die Stadt schärfer ins Auge zu fassen, in der er aufwuchs und die der Einundzwanzigjährige 1908 das erste Mal verließ, um in Wien, *dieser Dreckstadt,* das Studium der Pharmacie aufzunehmen. Es ist ein Abschied – und eine immer seltener werdende Rückkehr –, der das ambivalente Verhältnis nicht allein zur Stadt des neuen Jahrhunderts vertieft, sondern gerade in jenen Gedichten offenkundig macht, deren Bilder die Barockstadt Salzburg meinen: hinterm melancholischen Rückblick ins Entschwundene erscheint die Brandspur ins Vergessene.

1906 hat man in Salzburg zwei kleine Dramen von ihm aufgeführt, *Totentanz* und *Fata Morgana,* die er später vernichten wird; seit dem Sommer 1910, vier entscheidende Jahre später, finden – außer in Innsbruck und Wien – gerade in der *Schönen Stadt* jene Gedichte zur Niederschrift, die den Ort benennen, von dem das Unheil des alsbald sich vollziehenden Zusammenbruchs seinen Ausgang genommen hat: über sein Bild von der Stadt hinaus, von dem gleich die Rede sein wird, übergibt er gerade die seiner Herkunft poetisch dem Verfall.

Die endgültige Fassung des Gedichtes *Die schöne Stadt* ist wohl im Frühjahr 1911 entstanden. Sie findet sich im ersten Gedichtband überhaupt, der 1913 in Leipzig bei Kurt Wolff erschienen ist. Die Bemühung des Freundes Erhard Buschbeck, eine Edition der Gedichte beim Albert Langen Verlag zu erreichen, war vergeblich gewesen. Trakl nahm den *Antrag wegen meiner Gedichte* aus Leipzig *mit vieler Freude an.* Wohl gab es noch eine Mißhelligkeit, weil Wolffs Lektor Franz Werfel nur eine kleine Auswahl zusammengestellt hatte, gegen die Trakl anfänglich scharfen Protest einlegte. Ende Juli 1913 hält Trakl seinen ersten Gedichtband in der Hand: er ist als Nr. 7/8 in der legendären Reihe *Der jüngste Tag* erschienen. Ein weiterer, größerer Band sollte alsbald folgen. Doch Trakl hat sein Erscheinen nicht mehr erlebt. Im April 1914 wird der Vertrag über *Sebastian im Traum* geschlossen: *Auch hoffe ich, daß Sie gesonnen sind, meinen neuen Gedichtband als selbständige Publikation (nicht im Rahmen einer numerierten Bücher-Serie) erscheinen zu lassen:* Innsbruck, am 10. April 1914, sieben Monate vor seinem Tod. Nur die Fahnenabzüge dieses Buches hat Trakl noch gesehen; aus dem Feld hat er noch an den Freund Ludwig von Ficker geschrieben, das Buch müsse doch mittlerweile erschienen sein: *Sebastian im Traum* erschien erst 1915 (mit dem Copyright-Vermerk von 1914).

Wohl scheint die Sehnsucht nach der Stadt der Herkunft sich noch eine Weile ungebrochen zu erhalten, noch *lauscht* er, *ganz beseeltes Ohr, wieder auf die Melodien, die in mir sind, und mein beschwingtes Auge träumt wieder seine Bilder, die schöner sind als alle Wirklichkeit,* doch im gleichen Brief aus Wien [5. Oktober 1908] scheint jener Wandel sich anzumelden, den der exzessiver werdende Rauschmittelkonsum in der Heimatstadt noch verhüllen konnte und der – nach dem Durchbruch zur großen Lyrik, zu der *Die schöne Stadt* schon zu rechnen ist – drei Jahre später, 1911, in furchtbaren depressiven Anfällen zutage tritt: *Als ich hier* [in Wien] *ankam, war es mir, als sähe ich zum ersten Male das Leben so klar wie es ist, nackt, voraussetzungslos, als vernähme ich alle jene Stimmen, die die Wirklichkeit spricht, die grausamen, peinlich vernehmbar. Und einen Augenblick spürte ich etwas von dem Druck, der auf den Menschen für gewöhnlich lastet, das Treibende des Schicksals.*

Kaum zu beschreiben ist, was sich in Wahrheit hier vollzieht: diesseits jener erfahrenen Außenrealität, die die Zukunft seiner Dichtung nachzureißen sich anschickt in *diesem Tale das von Jammer schallt* [Brecht], wird in diesem

Brief schon von den Verfolgungen gesprochen, deren Schall und Wahn dieses Leben wie Totenhörner erfüllen werden: *als vernähme ich all diese Stimmen*. Es sind die Stimmen, die jeder Paranoiker vernimmt, lispelnd und kreischend, murmelnd und dröhnend: *welch entsetzlicher Alp!*

Im Juni 1910 stirbt Trakls Vater. Es ist die Zeit, als die ersten Fassungen des Spätwerks entstehen, die Zeit, in der er einem Brief anvertrauen kann, daß er seine *heiß errungene Manier* festigen, vielleicht *das infernalische Chaos von Rhythmen und Bildern* bewältigen kann. Fast leicht und spielerisch tritt *Die schöne Stadt* ins Licht. Die endgültige Fassung wird lauten:

Die schöne Stadt

Alte Plätze sonnig schweigen.
Tief in Blau und Gold versponnen
Traumhaft hasten sanfte Nonnen
Unter schwüler Buchen Schweigen.

Aus den braun erhellten Kirchen
Schaun des Todes reine Bilder,
Großer Fürsten schöne Schilder.
Kronen schimmern in den Kirchen.

Rösser tauchen aus dem Brunnen.
Blütenkrallen drohn aus Bäumen.
Knaben spielen wirr von Träumen
Abends leise dort am Brunnen.

Mädchen stehen an den Toren,
Schauen scheu ins farbige Leben.
Ihre feuchten Lippen beben
Und sie warten an den Toren.

Zitternd flattern Glockenklänge,
Marschtakt hallt und Wacherufen.
Fremde lauschen auf den Stufen.
Hoch im Blau sind Orgelklänge.

Helle Instrumente singen.
Durch der Gärten Blätterrahmen
Schwirrt das Lachen schöner Damen.
Leise junge Mütter singen.

Heimlich haucht an blumigen Fenstern
Duft von Weihrauch, Teer und Flieder.
Silbern flimmern müde Lider
Durch die Blumen an den Fenstern.

Die schöne Stadt, in der er aufwächst, Salzburg, liegt an
den Rändern einer frühen urbanen Bildern entfremdeten
groß-städtischen Erfahrung, die er bald zu teilen beginnt:
*der Wahnsinn der großen Stadt, da Am Abend An schwarzer
Mauer verkrüppelte Bäume starren, Aus silberner Maske der
Geist des Bösen schaut; Licht mit magnetischer Geißel die
steinerne Stadt verdrängt.*

Noch beschreibt das Gefälle des Gedichttextes, den
Trakl der Geburtsstadt widmet, den Prozeß des Erwa-
chens, jenen noch, mit dem Proust ein Werk beginnt, das
nicht allein Vergangenes gegenwärtig macht, sondern *die
weit hinunterreichende Zeit* selbst: Im *Blau* der Mutterbin-
dung, im *Gold* der frühkindlichen Tage *tief versponnen*. Die
silbern flimmernden müden Lider des Kindes können noch
durch die Blumen an den Fenstern sehen, vom Erwachen in
eine neue Epoche, ins vulkanische Massiv der neuen Städte, ins System ihrer Unmenschlichkeit wird erst in dem
Moment die Rede sein, wenn sie *wie ein Inferno durch einen Verfluchten* durch ihn *hindurchstürzen.*

Noch lange wird Trakl die Pailletten dieses *versponnenen* Gewandes im fahler werdenden Licht städtischer Erfahrung um die Jahrhundertwende leuchten sehen, wird es (brieflich) noch sehen wollen, wenn es sein poetischer Wirklichkeitssinn schon besser weiß: *So bläulich erstrahlt es Gegen die Stadt hin, wo kalt und böse Ein verwesend Geschlecht wohnt, Der weißen Enkel dunkle Zukunft bereitet.* Nur um Monate fern von diesen Zeilen sind die Briefsätze: *Ich denke, der Kapuzinerberg ist schon im flammenden Rot des Herbstes aufgegangen, und der Gaisberg hat sich in ein sanft' Gewand gekleidet, das zu seinen so sanften Linien am besten steht. Das Glockenspiel spielt Die letzte Rose in den ernsten freundlichen Abend hinein, so süß-bewegt, daß der Himmel sich ins Unendliche wölbt! Und der Brunnen singt so melodisch hin über den Residenzplatz, und der Dom wirft majestätische Schatten. Und die Stille steigt und geht über Plätze und Straßen. Könnt' ich doch inmitten all dieser Herrlichkeit bei euch weilen, mir wäre besser. Ich weiß nicht ob jemand den Zauber dieser Stadt so empfinden kann, ein Zauber, der einem das Herz traurig von übergroßem Glück macht!* Zu jenen, die *singen den Untergang der finsteren Stadt*, gehörte er bald selbst. Die *vermorschte; die furchtbare Stadt* zerbrach in sich selbst; Théophile Gautier hatte es ihm [1872] vorausgeschrieben: *Das moderne Babylon wird nicht zerschmettert werden wie der Turm von Lylac, in einem Asphaltsee untergehen wie die Pentapolis oder versanden wie Theben; es wird einfach entvölkert und zerstört werden von den Ratten.* Die besonnte Vergangenheit, mit der Trakls Lebensjahrzehnte ohnehin aufzuräumen begannen, wurde retrospektiv infiziert von der Zukunft der *Fäulnis; der grünen Verwesung: Kirchen, Brücken und Spital grauenvoll im Zwielicht stehen* – in den Durchhäusern und Höfen keiften die *Ratten.* Über dem alten Platz steht nun *die Sonn' in schwarzen Trümmern. Gebein und Schatten durch ein Durchhaus schimmern.* Reale Bilder wandeln sich unterm Blick des Flanierenden in Imaginationen; im Vergänglichen werden mythische Bilder der Vernichtung gesehen. Wenn Poesie das ist, *was erst in einer anderen Welt vollkommen wahr wird* [Baudelaire], dann trifft was sie sagt, mit dem vergangenen Mythos das Künftige. Der Historiker hatte das im ersten Drittel des 19. Jahrhunderts gesehen: *Vom Thurme Notre Dame herab übersah ich gestern die ungeheuere Stadt; wer hat das erste Haus gebaut, wann wird das letzte zusammenstürzen und der Boden aussehen wie der von Theben und Babylon?* [Friedrich von Raumer] Noch diesseits der Einsicht, daß mit den Mitteln des Baus dieser Städte auch die heranwuchsen, sie dem Erdboden gleichzumachen, geht die Angst vor dem drohenden Untergang der Stadt – die in ihr schon das Ruinenfeld sieht – auf die Gewalt zurück, der Babylon und Theben zum Opfer gefallen sind. Auch Trakl verweilt nicht, wie Gautier, beim gewaltsamen Untergang: es ist, auch hier, der organische Verwesungsprozeß, die Fäulnis unter den Mauern, die die Stadt zerbrechen wird. Schon *grünlich dämmert der Fluß* und *dunkel ist diese vermorschte Stadt, voll Kirchen und Bildern des Todes.* Alsbald *umgürtet dornige Wildnis die Stadt, Von blutenden Stufen jagt der Mond die erschrockenen Frauen* und *Wilde Wölfe brachen durchs Tor.* Am Ende: *Aufflattern weiße Vögel am Nachtsaum über stürzenden Städten aus Stahl.*

Doch die zeichenhaft auftretende organische Verwandlung – Verfall, Fäulnis, Verwesung – in Trakls Lyrik zeigt den Untergang der Stadt als den Untergang des Menschen: für ihn fault und verwest die Stadt wie ein menschlicher Körper: *die bittere Stunde des Untergangs Da wir ein steinernes Antlitz in Wassern beschaun:* das in den Wassern sich spiegelnde Antlitz ist das der Stadt und das des versteinerten Menschen. Vom *steinernen Haupt* hat er später noch einmal gesprochen: von ihm selbst ist die Rede. Nicht er allein hat die Stadt metaphorisch in den lebenden Organismus übersetzt. Der Barockstadt gewinnt der Kunsthistoriker Fritz Alexander Kauffmann [1949] die Einsicht ab: *Oft* erinnert Barock auch an vielgeprüften knorrigen Astwuchs, der aus der Drängnis sich einen Ausweg erkämpft. Oft endlich versinnbildlicht seine Formensprache geradezu die erlittene schwere Verwundung: Wir glauben das typische Bild von Vorgängen der Vernarbung und Heilung zu erkennen, die Säftestauung, die Wachstumsstockung, den Rückstand schmerzlicher Torsion, vor allem aber den bezeichnenden typischen Überaufwand, die Wachstumshypertrophie an den bedrohten Stellen. In Trakls Lyrik sind die hypertrophen Stellen bereits aufgebrochen, in Fäulnis, ja Verwesung übergegangen: Außenzeichen der seelischen Zerrüttung des Körpers. Von Vernarbung, gar Heilung ist nichts mehr zu sehen: in den Höfen heulen schon die Ratten, hungertolle Krähen schrei'n, Über Parken gram und fahl.

Die Stadt als Abbild des Menschen: die psychophysische Metaphorik für die urbane Ansiedlung hat eine lange Geschichte. Wohl wußte Trakl kaum, daß in seiner Lebenszeit sich die Wissenschaft entfaltete, die über die mythisch vorgezeichneten Mächte Eros und Thanatos sich gebeugt hat und ihnen die vielleicht letzte umfassende Aufklärungsbewegung abgewann; seine Lyrik hat – im Bild der verfluchten, der vermorschten Stadt das des Menschen erkennend – auf die Einsicht vorausgegriffen: daß der Zerstörung des Lebendigen die Selbstvernichtung der Lebenden vorausging, und sei es im mythischen Zitat; denn beim Anblick der Gorgo droht die Versteinerung – auch das meint das Abbild des versteinerten Haupts. So wäre auch seine Lyrik über die Stadt zu verstehen: von ihrer Unterwelt her; auch sie war längst historisch geworden. Man zeigte, notierte sich Benjamin Anfang der dreißiger Jahre in Paris, im alten Griechenland Stellen, an denen es in die Unterwelt hinabging. Auch unser waches Dasein ist ein Land, in dem es an verborgenen Stellen in die Unterwelt hinabgeht, voll unscheinbarer Örter, wo die Träume münden. Das Häuserlabyrinth der Städte gleicht am hellen Tag dem Bewußtsein. Doch sind – in Trakls Lyrik tritt es ans Licht – die höllischen Frat-

zen, die mit den Abfuhrleistungen der Träume einst dahinfuhren, nun in die Realität eingetreten und in der Tiefe der *verfallenen Stadt* hat ein *schwärzlicher Fliegenschwarm den steinernen Raum verdunkelt Und es starrt von der Qual Des goldenen Tags Das Haupt des Heimatlosen.*

Es mag sein, daß sich in der Erkenntnis des Unabänderlichen dennoch Todeswünsche gegen die Stadt verbergen: *Durch schwarze Stirne geht schief die tote Stadt* – es ist die bleiche Kulissenwelt des *Dr. Caligari,* die hier in böser Magie dem Untergang überliefert wird. In diesem Schreckens-*Kabinett* der *schwarzen Stirn,* die oft auch als das *Böse hinter silberner Maske* erscheint – betrachtet man *silbern* als das allegorische Epitheton der Reinheit –, hat sich wohl im Lauf der Jahre das Bewußtsein dafür gefestigt, was seiner *verbrecherischen Melancholie* zugrunde lag: ein Vernichtungstrieb. Aber die Seelenbewegungen haben sich denn doch zunehmend semantisch durchgesetzt: *In der zerstörten Stadt richtet die Nacht schwarze Zelte auf.* Es sind die Behausungen der Zerstörer.

Das Anamnesematerial aus den Kindertagen Trakls reicht nicht aus, um zu sichern, wie tief in seine Persönlichkeitsgeschichte, ins Familiendrama überhaupt, die Identifikation eines bestimmten Menschen mit der Stadt hinabreicht, selbst dort nicht, wo der Untergang der Stadt in der Dichtung offenbar an Traumvorstellungen geknüpft ist. Feinste Anhaltspunkte könnte das Kontrastgedicht zur *Schönen Stadt,* nämlich *Vorstadt im Föhn,* bieten, das gleichsam in einer Rückwärtsbewegung das Urbild der Stadt der Kindheit in der letzten Strophe wiederherstellt: ein Zurückstürzen vom Erwachen in den Traum von *schimmernden Alleen,* die *aus Wolken tauchen:* sie sind, wie die psychoanalytische Einsicht lehrte, die metaphorische Beschreibung der Geburt – an deren Ende [dem Anfang des Gedichts] der *Abend* mit der *öden Stätte* liegen wird, wie zu ihrem Beginn das Frühlicht mit dem *rosenfarbenen* Schimmer auf den östlichen *Moscheen.* Damit wäre die Annahme möglich, daß mit der Vernichtung der Stadt in einem abgründigen Sinn die der lieblosen Mutter gemeint ist.

Vorstadt im Föhn

Am Abend liegt die Stätte öd und braun,
Die Luft von gräulichem Gestank durchzogen.
Das Donnern eines Zugs vom Brückenbogen –
Und Spatzen flattern über Busch und Zaun.

Geduckte Hütten, Pfade wirr verstreut,
In Gärten Durcheinander und Bewegung,
Bisweilen schwillt Geheul aus dumpfer Regung,
In einer Kinderschar fliegt rot ein Kleid.

Am Kehricht pfeift verliebt ein Rattenchor.
In Körben tragen Frauen Eingeweide,
Ein ekelhafter Zug voll Schmutz und Räude,
Kommen sie aus der Dämmerung hervor.

Und ein Kanal speit plötzlich feistes Blut
Vom Schlachthaus in den stillen Fluß hinunter.
Die Föhne färben karge Stauden bunter
Und langsam kriecht die Röte durch die Flut.

Ein Flüstern, das in trübem Schlaf ertrinkt.
Gebilde gaukeln auf aus Wassergräben,
Vielleicht Erinnerung an ein früheres Leben,
Die mit den warmen Winden steigt und sinkt.

Aus Wolken tauchen schimmernde Alleen,
Erfüllt von schönen Wägen, kühnen Reitern.
Dann sieht man auch ein Schiff auf Klippen scheitern
Und manchmal rosenfarbene Moscheen.

Welchen Anlaß es für diese Strophen auch immer gegeben haben mag – die Betrachtung eines der noch zu Beginn des Jahrhunderts geschätzten mechanischen Bilder, tief gestaffelt vom idyllischen Vordergrund bis zum rauchenden Zug, der in der Ferne eine Brücke überquert; vielleicht der Besuch eines Panoramas, dessen Rundbetrachtung die letzte Strophe evoziert haben mag; ein abstoßendes Stück großstädtischer Realität – eine hoch sublimierte, zusammenfassende Retrospektive ist dennoch entstanden, die Ellipse vom *wachen Dasein* nachgeführt an die *unscheinbaren Örter, wo die Träume münden.*

Vorstadt im Föhn: mit diesem Gedicht beginnt eine Verbindung, von der späte Zeugen meinen, der Reichtum des Trakl'schen Werks wäre ohne sie nicht auf die Nachwelt gekommen. Es ist das erste Gedicht Trakls, das Ludwig von Ficker in seiner Monatsschrift *Der Brenner* am 1. Mai 1912 abdrucken wird.

3. Jugendbildnis

Sebastian im Traum, die zweite Sammlung von Gedichten und poetischen Texten, die erst 1915 erschienen ist, wird eingeleitet mit dem Gedicht *Kindheit* [1913]; der erste Eindruck, eine Geschichte gleichsam könne sich herstellen mit allem, was der Band versammelt, trügt: er ist zyklisch angeordnet, Geburt und Tod, Wahn und Verlorenheit greifen ineinander, es ist der Zickzackweg in ein Feld aufgegebener Hoffnung: *In der Stille Erstirbt der bangen Seele einsames Saitenspiel.* Die Sammlung, allein von Trakl geordnet und seiner Bestimmung nach wiedergegeben, macht gerade in ihrer zyklischen Organisation mit den Ringen, die sie legt, diese als Panzerringe sichtbar, Schutzsuche und Fesselung zugleich: *Die Nacht und sprachlos ein vergessenes Leben.* Will man eine Stimmführung ausmitteln, so ist es die fast zauberischer Laute, *die hyazinthene Stimme des Knaben,* der entsetzte *Aufschrei im Schlaf,* das *graue, steinerne Schweigen, die Felsen der Nacht.* Sterben und Kindheit, Tod und Geburt sind nicht mehr die überwältigenden Kontraste; es ist ein Ineinandersprechen nur zum Schein hart gefügter Bilder: *Goldenes Auge des Anbeginns, dunkle Geduld des Endes.* Kann so von Erinnerung überhaupt gesprochen, Geschichte eines Lebens durchgezeichnet werden?

Kindheit

Voll von Früchten der Hollunder; ruhig wohnte die Kindheit
In blauer Höhle. Über vergangenen Pfad,
Wo nun bräunlich das wilde Gras saust,
Sinnt das stille Geäst; das Rauschen des Laubs

Ein gleiches, wenn das blaue Wasser im Felsen tönt.
Sanft ist der Amsel Klage. Ein Hirt
Folgt sprachlos der Sonne, die vom herbstlichen
Hügel rollt.

Ein blauer Augenblick ist nur mehr Seele.
Am Waldsaum zeigt sich ein scheues Wild und
friedlich
Ruhn im Grund die alten Glocken und finsteren Weiler.

Frömmer kennst du den Sinn der dunklen Jahre,
Kühle und Herbst in einsamen Zimmern;
Und in heiliger Bläue läuten leuchtende Schritte fort.

Leise klirrt ein offenes Fenster; zu Tränen
Rührt der Anblick des verfallenen Friedhofs am
Hügel,
Erinnerung an erzählte Legenden; doch manchmal
erhellt sich die Seele,
Wenn sie frohe Menschen denkt, dunkelgoldene
Frühlingstage.

Ruhig wohnte die Kindheit in blauer Höhle: ein Schritt tiefer in die Erinnerung und der Blick, zurückgesendet aus
der Herbstlandschaft, träfe auf die *Wiederkunft des Vergessenen;* doch nur *manchmal erhellt sich* noch *die Seele.* Und
nicht das Eigene will hier noch erinnert werden, nur *erzählte Legenden.* So scheint dieses Gefüge aus in sich selbst ver-
schleierten Bildern nur noch in Zeichen zu reden, die
gleichsam durchs verwischt Erinnerte hindurch von etwas
sprechen, das vor ihm lag: *Kindheit in blauer Höhle* – die
Metapher einer Mutterleibsphantasie.

Wohl hängt das Gedicht *Kindheit* einem Vergangenen
nach, über das nun *bräunlich das wilde Gras saust,* träumt
einem Entschwundenen nach, das in Bildern spricht, die so

in metaphorische Chiffren zurückgebrochen sind, als sei, wovon sie reden, selbst zergangen: *Ein Hirt folgt sprachlos der Sonne.* Im Grund *ruhn die alten Glocken und finsteren* Weiler, als seien auch sie begraben. Ob der *Sinn der dunklen Jahre* erst dem frömmer Gewordenen sich offenbart, ob dieser *Sinn* überhaupt aus der Dunkelheit zurückzugewinnen ist: erst im mystischen Einverständnis, von dem später in der Sammlung, im *Gesang des Abgeschiedenen,* gesprochen wird, kann sich das offenbaren.

Der *blaue* Moment, der wie durch ein Urbild hindurchfährt, *ist nur mehr Seele.* Und da später noch einmal von ihr, der *denkenden Seele,* die Rede ist, erscheint es, als bleibe sie das jenseits aller in düstere Bilder geborstenen Erinnerung Fortdauernde: ihre Unsterblichkeit. In einem hochverdichteten Bild wird von dieser Sehnsucht, einer ungestillten Wunschphantasie, noch einmal gesprochen: vom Überleben in einer längst verloren gefürchteten Liebe.

In heiliger Bläue läuten leuchtende Schritte fort: Dieses Fortgehen unter Schritten, die gleichsam eine leuchtende Spur auf dem Wege zurücklassen, der auch die Bitterkeit des Vergangenen hinter sich läßt: *leuchtet* in *heiliger Bläue.* Was mag dieser Fügung zugrunde liegen?

Trakl hat sein lyrisches Arbeiten einmal eine *heiß errungene Manier* genannt, die aus disparaten Bildern einen *einzigen Eindruck zusammenschmiedet.* Will man der belegbaren Vermutung folgen, daß die Farbe Blau metaphorisch in seiner gesamten Lyrik von der Mutter spricht, ordnet man, wie Trakl selbst das immer wieder in seiner Dichtung getan hat, den Namen der Gottesmutter, Maria, dem der Mutter Trakls zu, so fände das Bild von der *heiligen Bläue* seine Deutung.

Doch auch diesem liegt ein Urbild zugrunde. Trakls Haß auf seine Mutter, die sich den Kindern entzog und einem zwanghaften Sammelwahn von Antiquitäten verfiel, ist durch ihn selbst bekundet: zu erkennen blieb gleichwohl ein unaufgegebener Anspruch auf ihre Liebe. Das Urbild der *heiligen Bläue:* ist eine Pietà. Der tote Christus liegt im Schoß der Mutter. In einem identifikatorischen Gestus – der an Dostojewskis Identitätssuche nach Christus erinnert – leistet die Verdichtung zu diesem poetischen Bild der *heiligen Bläue* die Erkenntnis, daß nur über den eigenen Tod die Rückkehr zur Mutter zu finden ist.

Das Geläut der Schritte ist: ein Glockenton. Das ganze Bild der in heiliger Bläue läutenden, leuchtenden Schritte bekommt mit diesem Ton Tiefe und Hall. Eine abgründige Assoziation zum Läuten der Salzburger Domglocken ist hier wohl mitzuhören, einem Laut, der zu den akustischen Eindrücken der kindlichen Frühzeit gehört; denn das Geburtshaus am Waagplatz liegt in unmittelbarer Nähe des Doms. Es war ein Eindruck, ein Laut, bei dem von einer Prägung zu sprechen möglich ist: der Ton der Glocken bestimmt weitgehend die Akustik der poetischen Hinterlassenschaft. Noch den von der Paranoia überwältigten Mann werden diese Glocken, nach ärztlichem Protokoll, bis in die letzten Lebenstage im Oktober 1914 *dröhnend* verfolgen. Die Leuchtspur der Schritte bezeichnet auch eine Flucht. Das Verfolgtsein und Gejagtwerden geistert und stürzt durch den ganzen Zyklus – noch bis in die statischen Bilder hinein, wenn ein Jäger das Wild ausweidet: *und der Schatten des Tieres seufzt im Laub über den Augen des Mannes.*

So konnte der späte Blick auf die Kindheit nur in kleine Medaillons gefaßte Bildchen festhalten, *wenn er an der harten Hand des Vaters Stille den finstern Kalvarienberg hinanstieg* und *an der frierenden Hand der Mutter Abends über Sankt Peters herbstlichen Friedhof ging:* es war wohl zumeist *dunkel der Tag des Jahrs, traurige Kindheit, Da der Knabe leise zu kühlen Wassern, silbernen Fischen hinabstieg.* Bilder also, die fast träumerischen Charakter haben: *Jener aber ging die steinernen Stufen des Mönchsbergs hinab, Ein blaues Lächeln im Antlitz und seltsam verpuppt In seine stillere*

Kindheit und starb. Aber es ist durchaus nicht allein ein sehnsüchtiges, gleichsam rückwärts gewendetes Träumen, in dem der Rösserbrunnen auf dem Salzburger Residenzplatz, der Mönchsberg, die alten Kirchen, der Petersfriedhof, meist in ein spätherbstliches Halbdunkel gesetzt, bei ihrer Bezeichnung genommen werden – nicht um sie zu benennen, sondern um bestimmte Verbindungslinien zum Grauen und Begrabenen von ihnen aus zu ziehen – und im Wortsinn erstarrte Chiffren sind, die das Feld der historischen Bahn in ein fahles Licht tauchen: *Aufschrei im Schlaf; durch schwarze Gassen stürzt der Wind, Das Blau des Frühlings winkt durch brechendes Geäst, Purpurner Nachttau und es erlöschen rings die Sterne. Grünlich dämmert der Fluß, silbern die alten Alleen Und die Türme der Stadt. O sanfte Trunkenheit Im gleitenden Kahn und die dunklen Rufe der Amsel In kindlichen Gärten.*

Es ist, als werde der Mythos, den die *ruhig wohnende Kindheit* bilden könnte, immer wieder verworfen, in einem erschrocken-klagenden Ton gleichwohl aber restituiert. Eine seltsame Doppelbewegung, die mit dem Bild des von seiner Schuld durchs Leben Gejagten kaum sich erklären läßt. Sie hat ja auch mit den Erfahrungen, die drückend auf dieses Leben gesammelt worden sind, nichts zu tun. Mit der Schaffung eines Mythos von Kindheit wird an den der Urgeschichte appelliert, in dem am Ende alle Kindheit aufbewahrt ist und der, wenn die Legende von der ‚paradiesischen Kindheit‘ mit düsteren Bildern zerstört wird, auch dem Untergang geweiht ist.

So werden die Namen *Elis, Helian,* selbst *Sebastian* – der auf eine legendäre Gestalt zurückgeht – auch so etwas wie eine Antwort sein: Namengebung zum Schein mythischer Gestalten. Wenn es Zeichen dafür gibt, daß auch die Gestalt Christi in diese ‚Namengebung‘ einbezogen ward – und diese Zeichen tauchen im späten Werk zunehmend auf –, dann entfernen sie diesen Namen freilich aus dem mythischen Feld auf das der Ich-Ideale, die am Ende die nie aufgegebene Sehnsucht nach der Mutter benennen: im Tod sei ihre Liebe zu gewinnen vielleicht noch möglich. Von der Doppelbewegung aber der Erhaltung und der Abstoßung zugleich spricht wie kaum ein anderes das Gedicht *An den Knaben Elis* [Niederschrift im April 1913 auf der Hohenburg bei Igls]:

Elis, wenn die Amsel im schwarzen Wald ruft,
Dieses ist dein Untergang.
Deine Lippen trinken die Kühle des blauen
Felsenquells.

Laß, wenn deine Stirne leise blutet
Uralte Legenden
Und dunkle Deutung des Vogelflugs.

Du aber gehst mit weichen Schritten in die Nacht,
Die voll purpurner Trauben hängt
Und du regst die Arme schöner im Blau.

Ein Dornenbusch tönt,
Wo deine mondenen Augen sind.
O, wie lange bist, Elis, du verstorben.

Dein Leib ist eine Hyazinthe,
In die ein Mönch die wächsernen Finger taucht.
Eine schwarze Höhle ist unser Schweigen,

Daraus bisweilen ein sanftes Tier tritt
Und langsam die schweren Lider senkt.
Auf deine Schläfen tropft schwarzer Tau,

Das letzte Gold verfallener Sterne.

Nicht nur der Wald, auch die Amsel ist schwarz, die Unheilsdrohung, die im *Kaspar Hauser Lied* der *Schwarzvogel* geheißen wird: ein Totenvogel. Der Untergang der Kindheit ist die Wendung in den Tod: Geburt und Verfall als Synonyma. Noch *trinken* die *Lippen*, ein sinnliches Erinnern, *die Kühle des blauen Felsenquells. Uralte Legenden und dunkle Deutung des Vogelflugs:* Die im Aberglauben erhaltene Unverrückbarkeit mythischer Tradition wird nicht verworfen; ihre apokalyptischen Züge, in der Offenbarung des Johannes noch einmal heraufgerufen, werden mit der *leise blutenden Stirne* des Knaben wohl zitiert: in der Weissagung sollen die todbringenden Heuschrecken nicht das Gras, nicht die Bäume zerstören, sondern, wie die Skorpione, *allein die Menschen / die nicht haben das siegel Gottes an jren stirnen.* [Offenbarung, 9,4].

Noch scheinen dem toten Knaben Elis die *purpurnen Trauben* wie Verheißungen in der Nacht, in die er die Schritte nun lenken wird; auch das *Blau,* das metaphorisch noch einmal die mütterliche Wärme herbeiruft, ist ein Sehnsuchtsbild: gestisch in den ausgebreiteten Armen nachgesprochen.

Doch in der Abwehr des phantasierten Paradieses – gleichwohl in der Erhaltung der Urbilder – tritt im *tönenden Dornbusch* die Bedrohung in ein düster flackerndes Licht. Weniger vielleicht geht dieses aus der Bibel vertraute Bild auf die Stimme des *HERRN* zurück, die aus den *fewrigen Flammen* des Dornbuschs spricht [2. Mose, 2], als auf jene im Buch der Richter erzählte Legende, nach der die Bäume den (geheiligten) Dornbusch zu ihrem König machen wollen: *Vnd der Dornbusch sprach zu den Bewmen / Ists war / das jr mich zum König salbet vber euch / So kompt vnd vertrawet euch vnter meinen schatten / Wo nicht / So gehe fewr aus dem Dornbusch / und verzere die Cedern Libanon.* [Richter 9, 15].

Die *uralten Legenden,* mit *mondenen,* staunenden Augen betrachtet, haben ihr Drohendes behalten. In Verfolgung wird diese Drohung umschlagen, wenn der Halbwüchsige die Liebe zur Mutter auf die Schwester überträgt. Wohl ist *eine schwarze Höhle unser Schweigen,* aber die trauernde Sanftheit, die auf dieses verbergenswürdige Vergehen antwortet, wandelt sich später in eine Drohinstanz: *In dunklen Zimmern versteinerte das Antlitz der Mutter und auf dem Knaben lastete der Fluch des entarteten Geschlechts.* So wird das Unzweideutige dieser Kindheit in einem späteren Prosatext des Zyklus *Sebastian im Traum* betrachtet. Das *letzte Gold verfallener Sterne:* es sind die Ruinen einer nur noch in große poetische Bilder zu fassenden Welt.

Widerspruch gegen die Besänftigung der frühen Bilder, Zwiesprache mit dem, was sie aufbewahren: *Manchmal erinnerte er sich seiner Kindheit, erfüllt von Krankheit, Schrekken und Finsternis, verschwiegener Spiele im Sternengarten, oder daß er die Ratten fütterte im dämmernden Hof. Aus blauem Spiegel* [!] *trat die schmale Gestalt der Schwester und er stürzte wie tot ins Dunkel ... Am Abend ging er gerne über den verfallenen Friedhof, oder er besah in dämmernder Totenkammer die Leichen, die grünen Flecken der Verwesung auf ihren schönen Händen.* Trakls Phantasien vom Abstoßenden mögen in ihrem durchdringenden Gemisch aus Schautrieb und Selbstbestrafung wohl mit Zwängen sich deuten lassen, denen er notwendig unterliegen mußte. Ihnen tritt immer wieder der Wunsch nach Reinheit entgegen, der sich noch in der Betrachtung der unter grünen Verwesungsflecken begrabenen Schönheit der Leichenhände bekundet. Es ist ein Begriff von Reinheit, vor dem die ästhetische Fiktion des Schönen nichtig wird. Diese Reinheit, auf die Kindheit immer wieder in einer rückgewendeten Phantasie übertragen, erhält sich mit den – ebenfalls aus der Kindheit erhaltenen – Ekelphantasien bis in die Ausdruckssteigerung; in der Substantivierung von Adjektiven setzt sie sich durch: ein *Silbernes, ein Weißes* – das blieb auch der Einspruch gegen *ein Verwestes, ein Erstorbenes.*

Auf eine Kindheit wie diese und ihre düstere Zukunft hätte sich reagieren lassen wie Baudelaire das [in *Fusées*] getan hat, dessen *Blick hinter sich, in der Tiefe der Jahre, nur Enttäuschung und Bitternis* warnahm, *und vor sich nichts als ein drohendes Unwetter, das* ihm *nichts Neues* verhieß, *weder Erfahrungen noch Schmerzen.* So war es bei Trakl wohl auch, und ungeprüft mag bleiben, wieweit er mit ähnlichen Sätzen ein Echo auf eine Epoche nachgeschrieben hätte, die ihren Kindern einen *Beinerhügel finsterer Zeiten* [Trakl] verhieß. Gleichwohl ist er zu Baudelaires wütender Indolenz nicht gelangt. Die Greuel- und Grauenperspektive, in der die *Angstgespenster* seiner Kindheit und Jugend in den letzten Oktobertagen 1914 ihre leibliche Realität ansprang, mußte er mit dem denkenden Blick des rasend Empfindlichen in der Tiefe der Zeiten sehen, in denen der *rote Saturn* (von dem er einmal spricht) seine Kinder verschlang. So ist mythisches Zitat nicht einfach die Flucht ins Irrationale: hier berührt es sich mit der aufgeklärten Einsicht in das, was der Mythos von der Menschenwirklichkeit zu sagen hat: wie es in Wahrheit um sie bestellt ist. Im *Helian* [geschrieben im Winter 1912] heißt es:

> Lasset das Lied auch des Knaben gedenken,
> Seines Wahnsinns, und weißer Brauen und seines Hingangs,
> Des Verwesten, der bläulich die Augen aufschlägt.
> O wie traurig ist dieses Wiedersehn.
>
> Die Stufen des Wahnsinns in schwarzen Zimmern,
> Die Schatten der Alten unter der offenen Tür,
> Da Helians Seele sich im rosigen Spiegel beschaut
> Und Schnee und Aussatz von seiner Stirne sinken.

In früheren Zeiten wurde wohl sanfter von Kindheit gesprochen. Jean Paul, dessen Werk sie umfassend und in unvergleichlichen Bildern als das allein Rettende aus seinen Verdüsterungen reproduzierte, hat im *Komet* der Phantasie

Vergangenheit und Zukunft des Menschen als *die beiden reichen Indien* zur Entdeckung anvertraut. Sehr fern blieb (mit ihren Implikationen von Aberglauben und Mythos) auch die moderne Dichtung dieser Bewegung nicht. Gerade bei Trakl erinnern die unerklärlich zusammengefügten Assoziationsketten an das zauberische Kinderspiel vom Drehen des Kaleidoskops, das unter jeder Wendung zu neuen Mustern zusammenrinnt.

Walther Killy, der diesem Verstehen Traklscher Dichtung – seiner historisch-kritischen Ausgabe vorausgehend – große Aufsätze gewidmet hat, erteilt der Literaturbetrachtung, die nach *einem expliziten Sinn* sucht, mit Recht einen Verweis: die Dichtung der Zeit dürfe andere als die ‚klassischen‘ Verstehensweisen erwarten. Und er zitiert einen Satz Albert Béguins, der andeutet, daß die Macht der Assoziation in der Poesie auch für den Dichter selbst den Sinn der evozierten Bilder verdunkeln könnte: *Der Poet scheint bestimmten Assoziationen zu vertrauen, die ihm selbst unerklärlich sind, ihm aber richtig erscheinen, weil er ihnen ohne zu zweifeln innerlich beistimmt.*

Läßt sich Trakls Lyrik in zwei Richtungen lesen: auf den Aufnehmenden und auf den Schreibenden hin gesprochen, so muß gerade das, was die Assoziationen in seiner Lyrik erzwang, ihm selbst fürchterlicher noch als jenen erschienen sein, die im interesselosen Blick durch dieses Leben allenfalls ahnen mögen, was er selbst so verbarg, daß es ihm am Ende selbst rätselhaft, *unerklärlich* werden mußte:

O der Abend, der in die finsteren Dörfer der Kindheit geht.
Der Weiher unter den Weiden
Füllt sich mit den verpesteten Seufzern der Schwermut.
O der Wald, der leise die braunen Augen senkt,
Da aus des Einsamen knöchernen Händen
Der Purpur seiner verzückten Tage hinsinkt.

Noch die Zuordnungen sind gegeneinander verschränkt: die *finstere* Kindheit, die *verpestete* Schwermut sind das Gemeinte und der *Einsame* hat die *knöchernen Hände* des Todes. Fern der indolenten Resignation Baudelaires wußte er im Zwang, immer wieder den Blick auf *Enttäuschung und Bitternis* zu richten, doch immer das zu erhalten, was noch die spätesten Bilder bewahren, die er der Nachwelt hinterlassen hat: *Dunkle Lieder Sing dein purpurner Mund in mir, Die schweigsame Hütte unserer Kindheit, Vergessene Sagen.*

4. Das Schattenfeld

Seit Anfang April 1912 ist Trakl zur Ableistung eines mehr-
monatigen Probedienstes als Landwehrmedikamentenak-
zessist in der Apotheke des Garnisonshospitals Nr. 10 in
Innsbruck: Er wünscht sich offensichtlich eine Reaktivie-
rung beim Militär; nicht nur in seinen Jahren scheint diese
Form staatlicher Beschäftigung so etwas wie eine Flucht-
stelle zu bieten. Bei Trakl scheint offenkundig, wovor er zu
fliehen wünscht. Aber das Schicksal, das ihn in Grodék und
Limanowa/Galizien zwei Jahre später buchstäblich nieder-
schlagen wird, greift schon in Innsbruck nach ihm: bestimmten Organisationen der Gemeinschaft ist er nicht gewachsen: *Ich hätte mir nie gedacht, daß ich diese für sich
schon schwere Zeit in der brutalsten und gemeinsten Stadt
würde verleben müssen, die auf dieser beladenen und verfluchten Welt existiert. Und wenn ich dazudenke, daß mich
ein fremder Wille vielleicht ein Jahrzehnt hier leiden lassen
wird, kann ich in einen Tränenkrampf trostlosester Hoff-
nungslosigkeit verfallen* [21. 4. 1912]. *Vielleicht geh ich auch
nach Borneo. Irgendwie wird sich das Gewitter, das sich in
mir ansammelt, schon entladen. Meinetwegen und von Herzen auch durch Krankheit und Melancholie ... Einige, wenige, neue Arbeiten werden Dir in nächster Zeit zugehen* [24. 4.
1912]
   Zu den wenigen Arbeiten, die dem Freund Erhard
Buschbeck nach Wien überschickt werden sollten, mag
auch der *Psalm* gehört haben, der sich 1913 dann im ersten
Gedichtband findet. Am 1. Oktober 1912 aber erscheint
dieses große Gedicht zuerst im *Brenner*. Geschrieben war
es freilich nicht in Innsbruck, sondern in Salzburg, der
Stadt, die wie in einem Spiegel jene Dunkelheiten brach,

von denen in diesem Gedicht gesprochen wird, man könnte auch sagen: *eine Sphäre des Wortlosen in reiner Macht* er-
schlossen wird [wie Walter Benjamin diesen Vorgang im
Juli 1916 in einem Brief an Martin Buber zu beschreiben
versucht hat]. Erst von hier aus gesehen treten die Bilder –
oft fast stammelnd aneinander geführt – zu Fügungen zusammen, die das Feld eines furchtbaren Zusammenbruchs
fahl beleuchten: Es sind die *Worte, die in den Kern des in-
nersten Verstummens* [Benjamin] vorgedrungen sind. Aus
Krakau wird Trakl zwei Jahre später schreiben: *Ich fühle
mich fast schon jenseits der Welt.* Auch von diesen Fernen
spricht das Gedicht:

Psalm

Es ist ein Licht, das der Wind ausgelöscht hat.
Es ist ein Heidekrug, den am Nachmittag ein
                    Betrunkener verläßt.
Es ist ein Weinberg, verbrannt und schwarz mit
                    Löchern voll Spinnen.
Es ist ein Raum, den sie mit Milch getüncht haben.
Der Wahnsinnige ist gestorben. Es ist eine Insel der
                    Südsee,
Den Sonnengott zu empfangen. Man rührt die
                    Trommeln.
Die Männer führen kriegerische Tänze auf.
Die Frauen wiegen die Hüften in Schlinggewächsen
                    und Feuerblumen,
Wenn das Meer singt. O unser verlorenes Paradies.

Die Nymphen haben die goldenen Wälder verlassen.
Man begräbt den Fremden. Dann hebt ein Flimmer-
                    regen an.
Der Sohn des Pan erscheint in Gestalt eines Erd-
                    arbeiters,
Der den Mittag am glühenden Asphalt verschläft.

Es sind kleine Mädchen in einem Hof in Kleidchen
                    voll herzzerreißender Armut!
Es sind Zimmer, erfüllt von Akkorden und Sonaten.
Es sind Schatten, die sich vor einem erblindeten
                    Spiegel umarmen.
An den Fenstern des Spitals wärmen sich Genesende.
Ein weißer Dampfer am Kanal trägt blutige Seuchen
                    herauf.

Die fremde Schwester erscheint wieder in jemands
                    bösen Träumen.
Ruhend im Haselgebüsch spielt sie mit seinen Sternen.
Der Student, vielleicht ein Doppelgänger, schaut ihr
                    lange vom Fenster nach.
Hinter ihm steht sein toter Bruder, oder er geht die
                    alte Wendeltreppe herab.
Im Dunkel brauner Kastanien verblaßt die Gestalt des
                    jungen Novizen.
Der Garten ist im Abend. Im Kreuzgang flattern die
                    Fledermäuse umher.
Die Kinder des Hausmeisters hören zu spielen auf
                    und suchen das Gold des
                    Himmels.
Endakkorde eines Quartetts. Die kleine Blinde läuft
                    zitternd durch die Allee,
Und später tastet ihr Schatten an kalten Mauern hin,
                    umgeben von Märchen und
                    heiligen Legenden.

Es ist ein leeres Boot, das am Abend den schwarzen
                    Kanal heruntertreibt.
In der Düsternis des alten Asyls verfallen menschliche
                    Ruinen.
Die toten Waisen liegen an der Gartenmauer.
Aus grauen Zimmern treten Engel mit kotgefleckten
                    Flügeln.

Würmer tropfen von ihren vergilbten Lidern.
Der Platz vor der Kirche ist finster und schweigsam,
    wie in den Tagen der Kindheit.
Auf silbernen Sohlen gleiten frühere Leben vorbei
Und die Schatten der Verdammten steigen zu den
    seufzenden Wassern nieder.
In seinem Grab spielt der weiße Magier mit seinen
    Schlangen.
Schweigsam über der Schädelstätte öffnen sich Gottes
    goldene Augen.

Wenn es wahr ist, daß einer bestimmte Konstellationen der Erinnerung fortdrängt, da was sich an sie knüpft, unvermeidlich in die Katastrophe führt – dann werden die Urbilder, die hinter den Erinnerungen aufgerichtet sind, die Grenze dort überschreiten, wo das Bewußtsein die Abwehrkräfte eingebüßt hat: in *Traum und Umnachtung*.

Schon der Bau des *Psalm* zeigt diese Folgerichtigkeit. Er tritt in Aussagesätzen vor den Leser hin, deren Traumcharakter in ihren fünfunddreißig meist harten Fügungen unabweisbar wird; es sind isolierte Bilder, fast filmisch rasch geschnitten, die ein gleichsam nach Innen gewendetes ptolemäisches Ich an sich vorüberziehen läßt. Die Art der unvorhergesehenen Schnitte ahmt das Hinzucken der Traumgedanken nach. Sie sind durchtrieben einfach, gewinnen ihre Rätselgewalt erst aus der Montage ihrer Sequenz selbst. Es ist, als überwältige ihre Willkür an den Schnittkanten der Montage eine Art innerer Zensur und ihr Gesamteindruck trete zu einer Dramaturgie des Untergangs zusammen. Doch nicht die Traumnachahmung selbst tritt als Kunstwerk hervor: Fremdheit, Vereinsamung und Nähe des Todes, Verfall und Zerstörung sind die Bilder selbst. Ihre ‚Aussage‘ ist nur zum Schein Mitteilung und Stoff: beides tritt vollkommen in die Sprache selbst zurück.

Der *Psalm,* 1912 entstanden, gehört in dieser (Karl Kraus gewidmeten) Fassung zur Einleitung des Spätwerks. Mit der Vereinzelung der Bildteile wird eine bestimmte Form lyrischer Rezeption zurückgewiesen, ja zerstört. Sie hatte sich auf der Ebene einer opinio communis eingestellt, der das Schöne immer noch nicht des Schrecklichen Anfang war. Gleichwohl begann, was an Dunkelheiten unter Trakls *reinen Bildern* zu zeigen sich anschickte, in Bewußtseinsschichten einzudringen, die noch im Schwierigen und Rätselhaften die Abgründe der historischen Wirklichkeit ertasteten. Wittgenstein, den nicht sein Mangel an Verständnis für diese Dichtung beunruhigte, ihr *Ton* aber tief fesselte, muß von diesem Bewußtsein gesprochen haben. Schon der erste Satz des *Psalm* mag daran rühren. Denn nicht vom ersten Augenblick der Schöpfung ist hier die Rede, sondern von ihrem Untergang. Wie die letzte Barriere vor der Pforte eines Traums, hinter dem sich die *Dürre eines Schlachtfeldes* [Benjamin] bis in die letzte Zeile hinein auftun wird, ist dieser Satz in seiner statuarischen Kälte Abbild des Entsetzens vorm Blick der Medusa; das ist vollständig in die syntaktische Konstruktion eingegangen.

Auch das hoch verdichtete Gemisch mystischer Vorstellungen und mythischer Phänomene kann den Appell des Titels, ein Buß- oder Klag-Psalm kündige sich an, nicht belegen. Auch fehlt, was sie Psalmen durchaus prägt, fast vollständig: das kathartische Moment. In einem in tiefen Schichten verborgenen Sinn wird noch durch Tod und Vernichtung hindurch der Absicht des Traumes nachgegangen: seinen Wunscherfüllungen. Nach Maßgabe der poetischen Arbeit, die die Traumgedanken selbst noch einmal verschlüsselt, scheint es jedoch fast, als verberge auch der Sprechende die Wünsche vor sich selbst.

Es ist ein Licht, das der Wind ausgelöscht hat: hinterm erloschenen Schöpfungsmoment ist nur ein winziges Stück aus einer Rede des Psalmisten in diesem Satz aufbewahrt; es lautet: *finsternis mügen mich decken* [Ps. 139,11] – der

Untergang nicht als Drohung sondern als Selbstbestrafung. Schon vollendet ist sie mit dem Satz: *Es ist ein Weinberg, verbrannt und schwarz mit Löchern voll Spinnen.* Die Drohworte des Propheten, in allen Weinbergen werde Wehklagen sein, sind in die Realität umgeschlagen.

Wie verloren stehen fünf Sätze im ersten Drittel der Dichtung, die beschreiben, was Benn einmal den *Südsee-Komplex* genannt hat. Nicht die Folge ihrer Bilder, vielmehr das Umfeld, in dem sie auftaucht und verschwindet wie nie gesehn, löst einen Satz in der *Ästhetischen Theorie* Adornos ein: *Kunst ist das Versprechen des Glücks, das gebrochen wird.* Absurd wäre bei Trakl die Frage, was dieses bei ihm völlig befremdliche paradiesische Südsee-Bild hervorgerufen haben mag: ein Gemälde Gauguins, der generationsimmanente Haß auf die zivilisatorische Unterdrückkungsgewalt der Epoche? Mehr der Zufall als seine Neigung wird ihn zu diesem unversehenen Bild geführt haben: die Gegenwelt, von der es spricht, traf auf eine historische Konstellation, die Trakl später das Bewußtsein des Fluchs, den er auf sich geladen hatte, auf das Jahrhundert übertragen hieß.

Mit den *Nymphen,* die die *goldenen Wälder* – der kindlichen, der menschlichen Frühzeit – *verlassen,* wird in das *gebrochene Versprechen* der paradiesischen Verheißung, nun, in einer animistischen Wendung, die Natur selbst eingerückt. Im Blick auf Trakls Leben ein entsetzlicher Entzug: der Natur entschwindet ihre Seele. Die kalte Einfachheit der Sätze mag unter der Klage, die in ihnen mithallt, vergessen lassen, was sie in Wahrheit sind: unerbittlich.

Die von *Akkorden und Sonaten* erfüllten Zimmer sind nicht bloß die akustischen Intérieurs einer bürgerlichen Welt, von der es wehmütig Abschied zu nehmen gilt. Es ist die Musik zweier Schatten, die ein blinder Spiegel vor ihrem Anblick bewahrt: Bruder und Schwester. Sie sind nur noch Schatten ihrer selbst – von einer institutionalisierten Sündenlehre verflucht, die ihnen ans Leben gegangen ist.

Alles was sich auf diesen zentralen Punkt hin verdichtet, wird zu einer grausigen Phantasmagorie von Angst und Bedrohung: *Ein weißer Dampfer am Kanal trägt blutige Seuchen herauf.* Gejagt von solchen Bildern in immer enger, leiser und sanfter geführten Sätzen, deren Stille auf die Macht der Seelenangst verweist, bricht das Ich des Sprechenden in aberwitzige Maskeraden aus: als ein Jemand, in dessen *bösen Träumen die fremde Schwester erscheint,* als Student, als der verfolgende tote Bruder (in einem paranoiden Akt), als Novize endlich, der schattenhaft zwischen den Novemberkastanien *verblaßt.* Am Ende wird mit diesem Maskenspiel deutlich, warum all diese gereihten Bilder überhaupt als Modell der Traumarbeit verwendet worden sind: auch der Traum hat ja, den Schlaf zu hüten, Verhüllungsfunktion.

Der *Psalm* ist, im Frühherbst 1912, um die Zeit entstanden, als Grete Trakl in Berlin geheiratet hat. Von dieser Schwester ist er bis zum Tode nicht mehr losgekommen. Seit 1905 war sie seine Geliebte, ist es bis in ihre Ehe hinein geblieben; im März 1914, nach der Fehlgeburt des (wahrscheinlich gemeinsamen) Kindes, hat er sie zum letzten Mal gesehen; im Gedicht *Klage,* Oktober 1914, erscheint die *Schwester stürmischer Schwermut* ein letztes Mal. Drei Jahre nach seinem Tod, 1917, hat sich Grete Langen in Berlin erschossen.

So kann im *Psalm* nicht einmal ein Hall jener Erlösungswünsche zu vernehmen sein, an die die biblischen Bußpsalmen knüpfen. Die Welt ist alles was der Fall ist: die Zerstörungen sind schon ins noch zum Schein Lebende eingegangen. Haben die Genesenden noch eben in der Spätherbstsonne sich am Spitalfenster gewärmt, so verfallen sie schon im Zwielicht zu dem, was sie längst waren: zu Ruinen. Die spielenden Kinder in den *Kleidchen voll herzzerreißender Armut* sind die Waisen immer schon gewesen, die an der Gartenmauer liegen. Die Engel sind zu kotgefleckten, von Würmern behangenen Ungeheuern geworden. Noch die

Hoffnungen auf erinnerte Kinderwelt waren schon aufgegeben, ehe die Fiktion ihres Paradieses ins Bild getreten ist: immer schon lag *der Platz vor der Kirche finster und schweigsam* da. Auf dem schwarzen Kanal, der eben ein Schiff sah, das *blutige Seuchen heraufträgt,* treibt jetzt ein *leeres Boot hinab:* Irrsinn und Jammer, Krankheit und Tod – ist das nun alles einem Betrachter übergeben, gar ausgeliefert an ihn? Oder ist es nicht vielmehr so, daß alle Harmonie – die noch das Bild vom Paradiese herstellen könnte – zwischen Betrachter und Kunstwerk zerbrochen wird, und das nicht allein durch allen Entzug einer scheinbaren Wirklichkeit, die in den einzelnen Bildern erkennbar, in ihrer Beziehung zueinander aber geradezu aufgelöst und in Realitäten überführt wird, die das Fremde zwischen beiden schärfer und kälter machen? Ist nicht, was in die Erscheinung dieser isolierten und in sich geschlossenen Bild-Sätze eingetreten ist, gleichzeitig die Kraft, die die äußere Realität in ihnen sprengt? Möglich wäre, daß jener, der Träume – selbst sie nun in ihrem artifiziellen Nachbau – zu fliehen beginnt, ihnen zugleich nachjagt, da allein in ihnen die Verwandlung der einen in die abgründigere Realität vollzogen werden kann.

Manche Traumwortverschiebung wäre dann wieder wörtlich zu nehmen. Scheint die Zeile *Und die Schatten der Verdammten steigen zu den seufzenden Wassern nieder* das Seufzen der Schatten selbst zu meinen, so gewönne mit den *seufzenden Wassern* die Natur zurück, was sie, wie alles Lebendige, verloren zu haben schien: ihre Seele.

Schon für ihn, der es schrieb, war das die Angst, die ihn geschüttelt hat – am Ende fürchterlicher und unerbittlicher als die erbarmenswerte Schuld, die noch die großen Mythen nie als wahre Schuld haben anerkennen können, den Inzest. Der antike Mythos, der orientalische überhaupt, ist mit den strafwürdigen Wünschen des Menschen, die sich in ihm verbergen, stets grausam, mit jenen aber, die er nicht für sträflich halten mußte, auch gütig umgegangen:

zu jenen letzteren hat die Geschwisterliebe gehört. Erst später sind über sie jene exzessiven Drohungen und Bestrafungen verhängt worden, die unmenschliche Züge annahmen.

Wenn ein Mann wie Trakl einem Brief anvertraut, daß er den Tag herbeisehne, an den seine *Seele in diesem unseligen von Schwermut verpesteten Körper nicht mehr wird wohnen wollen und können,* spricht das auch von der Angst vor ihrer Vernichtung. Die Wirklichkeit des *Psalm,* die sich erst im traumhaften Kontrast der Bilder auftut, ist die Realität eines Verhängnisses, das aus der Ferne der Worte in die Sphäre eines Bewußtseins einzuschmelzen beginnt, dem das *Eigne immer schwarz und nah* gewesen ist.

Um der Angst zu begegnen, wird der winzige Funke seelischer Unverletzbarkeit noch durch die Grauenerfahrung ihrer Erkrankung in den letzten Sätzen des großen Gedichtes eine zarte Leuchtspur ziehen. Im Vorbewußten, im mythischen Material, schien so etwas wie das Rettende aufbewahrt: *schweigsam über der Schädelstätte öffnen sich Gottes goldene Augen.* Hinter dem Golgatha-Erlebnis Christi, das in Trakls Lyrik der letzten Jahre häufig erscheint, wird ein Urbild sichtbar, in dem die Angst, gottverlassen zu sein, erloschen ist – vor allem jene tiefere: die Seele, auch sie, sei am Ende sterblich. Ein altägyptischer Mythos spricht davon, daß aus dem Toten sich ein goldgeflügeltes Wesen erhebe und zu den Gestirnen zurückkehre: die Menschenseele. *Gottes goldene Augen:* stets spricht das *Goldene* in Trakls Dichtung von der Kindheit und mit ihr von der Vor- und Frühzeit menschlichen Bewußtseins überhaupt. Wohl gibt es keinen Beleg dafür, daß Trakl diesen oder andere Mythen gekannt hat. Aber sie sind, wie verschleiert auch immer, in die großen alttestamentarischen Bibeltexte eingegangen, die ihm vertraut gewesen sein müssen.

Es ist die Seele ein Fremdes auf Erden: dieser Satz, in der gleichen kühlen Redefigur wie die des *Psalm,* spricht auch von diesem Mythos der Heimkunft und von dem Wunsch, der sich tief in ihm erhalten hat: die Seele möge unsterblich sein.

Das Gedichtbuch *Sebastian im Traum* ist erst 1915, Monate nach dem Tod Trakls, erschienen, Teile daraus noch zu seinen Lebzeiten im *Brenner*. Mittelpunkt des Zyklus ist der Prosatext *Verwandlung des Bösen*, perspektivisch auf Sünde, Schuld und Verfolgung hin geschrieben: ein wahrer Höllentanz von *Grausamkeit und Irrsinn*. Aufschlüsseln läßt sich die Grundfigur des Verfolgten, freilich in einer rationalisierenden Umbildung. Sebastian, nach der Legende im 3. Jh. Hauptmann der diokletianischen Praetorianergarde, wird, da er seinem Glauben nicht abschwören will, von mauretanischen Bogenschützen mit Pfeilen durchbohrt, von einer Christin gepflegt, später aber zu Tode gepeitscht. Trifft die Suche nach Identifikation mit dieser legendären, der katholischen Kirche heiligen Gestalt zu, so blieb bei der Traklschen Ich-Inkarnation die Verfolgung; es blieb auch die rettende Frauengestalt. Die Unschuld der Urgestalt ist in Schuld umgewandelt, chiffriert aber in der Verfolgung eines vor sich selbst Schuldigen auch die ihre. Von der Heiligung keine Spur mehr, keine Vertröstung: *Unter dem Haselgebüsch weidet der grüne Jäger ein Wild aus. Seine Hände rauchen von Blut und der Schatten des Tiers seufzt im Laub über den Augen des Mannes, braun und schweigsam.* Der Mythos vom unbetretbar gewordenen Haus der Väter wird zitiert: *Was zwingt dich still zu stehen auf der verfallenen Stiege, im Haus deiner Väter? Bleierne Schwärze. Was hebst du mit silberner Hand an die Augen; und die Lider sinken wie trunken von Mohn? Aber durch die Mauer von Stein siehst du den Sternenhimmel, die Milchstraße, den Saturn; rot. Rasend an die Mauer von Stein klopft der kahle Baum. Du auf verfallenen Stufen; Baum, Stern, Stein! Du, ein blaues Tier, das leise zittert; du, der bleiche Priester, der es hin-*

schlachtet am schwarzen Altar. O dein Lächeln im Dunkel, traurig und böse, daß ein Kind im Schlaf erbleicht. Eine rote Flamme sprang aus deiner Hand und ein Nachtfalter verbrannte daran. O die Flöte des Lichts; o die Flöte des Tods. Was zwang dich still zu stehen auf der verfallenen Stiege, im Haus deiner Väter?

Baudelaires [1854 geäußerte] Vermutung, *ich glaube, daß mein Leben von Anfang an verflucht war und daß es auf immer verflucht sein wird,* ist in anderen Worten bei Trakl zu finden: *Da es Nacht ward, zerbrach kristallen sein Herz und die Finsternis schlug seine Stirn.* Die nach der Zurückweisung durch die Mutter auf Grete Trakl übertragene Liebe ist aber nicht nur als Schuld, sie ist wohl auch von ihm als die Tragödie erkannt worden, als die auch der antike Mythos die Liebe zwischen Geschwistern stets empfunden hat:

Die blaue Nacht ist sanft auf unsren Stirnen aufgegangen.
Leise berühren sich unsre verwesten Hände
Süße Braut!

Bleich ward unser Antlitz, mondene Perlen
Verschmolzen in grünem Weihergrund.
Versteinerte schauen wir unsre Sterne.

O Schmerzliches! Schuldige wandeln im Garten
In wilder Umarmung die Schatten,
Daß in gewaltigem Zorn Baum und Tier über sie sank.

Sanfte Harmonien, da wir in kristallnen Wogen
Fahren durch die stille Nacht
Ein rosiger Engel aus den Gräbern der Liebenden tritt.

O das Wohnen in der Stille des dämmernden Gartens,
Da die Augen der Schwester sich rund und dunkel im
Bruder aufgetan,
Der Purpur ihrer zerbrochenen Münder
In der Kühle des Abends hinschmolz.
Herzzerreißende Stunde.
[1913]

Der *gewaltige Zorn* der Natur über die Schuld der Wider-
natürlichkeit wird im zweiten Prosatext des *Sebastian*-Zy-
klus, der den Titel *Traum und Umnachtung* trägt, der Mutter zugeordnet. Ihre *Klagegestalt* wird zur drohenden
Instanz: *Niemand liebte ihn. Sein Haupt verbrannte Lüge
und Unzucht in dämmernden Zimmern. Das blaue Rauschen
eines Frauengewandes ließ ihn zur Säule erstarren und in der
Tür stand die nächtige Gestalt seiner Mutter. Zu seinen
Häupten erhob sich der Schatten des Bösen.* Momente müssen gekommen sein, wo er von der Macht seiner düsteren,
‚bösen‘ Triebe so tief durchdrungen war, daß er sie – wie
der letzte der eben zitierten Sätze andeutet – geradezu als
eine Art Schutz vor der Drohung empfand. Erhellend dafür könnte ein Briefsatz darauf verweisen: *Ich bin gewiß,
daß ich das Böse nur aus Schwäche und Feigheit unterlasse
und damit meine Bosheit noch schände.*

Die schwerste Schuld, die er sich vorzuwerfen hatte,
mag weniger der Inzest als das Bewußtsein verursacht haben, die Schwester drogenabhängig gemacht und sie damit
in den Abgrund mitgerissen zu haben, der sich vor ihm ge-
öffnet hat: *Weh der steinernen Augen der Schwester, da beim
Mahle ihr Wahnsinn auf die nächtige Stirne des Bruders trat,
der Mutter unter leidenden Händen das Brot zu Stein ward.
O der Verwesten, da sie mit silbernen Zungen die Hölle
schwiegen.*

Hieß es, daß Verdrängtes in Träumen sich Bahn bricht,
dort aber zu leidmildernden, das heißt dem Träumenden

unkenntlichen Bildern findet, so bleibt auch das andere wohl unabweisbar: daß in Trakls Dichtung die verbergende Sprache des Traums restituiert worden ist: *Verwandelt in purpurne Träume Schmerz und Plage Des steinigen Lebens, Daß nimmer der dornige Stachel ablasse vom verwesenden Leib.* Doch wenn von *Traum und Umnachtung* gesprochen wird, dann hat auch diese Benennung ihren abgründigen Sinn. Ebensowenig grundlos wie der Nachvollzug der Traumarbeit wird *Umnachtung* in einer bestimmten Form die Entstehungsvorgänge gerade der späteren dichterischen Arbeiten gelenkt haben.

Um die Jahreswende 1912/13 teilt Trakl Freunden mit, er habe aus Geldnot seine Dostojewski-Ausgabe *verkitscht.* Sowohl die Begründung als auch die bei Trakl ungewöhnliche umgangssprachliche Vokabelwahl für sein Handeln lassen die Deutung zu, daß ein anderer Grund bestimmend für den Verkauf eines Werkes gewesen sein muß, an dem er wie an nichts anderem in seiner Bibliothek gehangen hat. Hier noch einmal, im Zusammenhang, der mehrfach zitierte Brief vom 26. Juni 1913 an Ludwig von Ficker: *Zu wenig Liebe, zu wenig Gerechtigkeit und Erbarmen, und immer zu wenig Liebe; allzuviel Härte, Hochmut und allerlei Verbrechertum – das bin ich. Ich bin gewiß, daß ich das Böse nur aus Schwäche und Feigheit unterlasse und damit meine Bosheit noch schände. Ich sehne den Tag herbei, an dem die Seele in diesem unseeligen von Schwermut verpesteten Körper nicht mehr wird wohnen wollen und können, an dem sie diese Spottgestalt aus Kot und Fäulnis verlassen wird.*

Die ungehemmte Mißhandlung, die ihm sein Über-Ich zuteil werden läßt, nicht zuletzt durch den schweren [und nachweislich unzutreffenden] Vorwurf der Lieblosigkeit, erinnert so nachhaltig an überlieferte Verfahrensweisen Dostojewskis [die er ungebrochen in sein Werk hat eingehen lassen], daß sein Leben und sein Werk Trakl wie ein Spiegel erschienen sein müssen. Seine exzessiven Depressionen können dieses Bild noch verschärft haben. Das Ba-

sisverhalten – Umkreisen des Lebensthemas in immer er-
starrteren Redefiguren – Dostojewskis warf Licht auf das
Trakls.

Dostojewskis – klinisch gesicherte – Krankheit, die Epi-
lepsie, hat Trakl in ihrer vollen Härte verschont. Sein
Nachahmungs-Verhalten in Tiefschlaf und Bewußtlosigkeit
nach exzessivem Alkohol- und Rauschmittelkonsum
scheint aber epileptoide Neigungen mitzuvollziehen, die
sich in Äußerungen wie der folgenden offenbaren [brieflich
am 19.2. 1913]: *Seltsame Schauer von Verwandlung, körper-
lich bis zur Unerträglichkeit empfunden, Gesichte von Dunkelheiten, bis zur Gewißheit, verstorben zu sein, Verzückun-
gen bis zu steinerner Erstarrtheit; Weiterträumen trauriger
Träume:* ein halbbewußt erlebter epileptischer Anfall. Teile
dieser Äußerung sind in nachgelassene Gedichte eingegangen; verformt gleichsam in das Gedicht *Der Schlaf* [Früh-
sommer 1914]:

Verflucht ihr dunklen Gifte,
Weißer Schlaf!
Dieser höchst seltsame Garten
Dämmernder Bäume
Erfüllt von Schlangen, Nachtfaltern,
Spinnen, Fledermäusen.
Fremdling! Dein verlorner Schatten
Im Abendrot,
Ein finsterer Korsar
Im salzigen Meer der Trübsal.
Aufflattern weiße Vögel am Nachtsaum
Über stürzenden Städten
Von Stahl.

Das Gefälle der semantischen Merkmale in vielen Dichtungen: *verfallen, vergehen, erstorben* lauten sie, wäre ebenso

signifikant wie eine Äußerung, die er Däubler gegenüber gemacht hat: *Der Tod ist so furchtbar, weil ein Sturz. Wir fallen in ein Unfaßbar-Schwarzes:* Nicht Todes- sondern furchtbare Sterbensangst; und sie ist das unlöschbare Leiden, das durch den Aufeinanderprall dieser beiden bis heute unenträtselten Krankheiten – der Seelenerkrankung und der Fallsucht – wahrhaftig ins *Unfaßbar-Schwarze* verschärft wird: ein mörderisches Land des Grauens, von dem selbst das Äußerste was Kunst hervorzubringen vermag, nur *die Ruhe eines Kornfelds* hat [Benn]. Die Wege aus dieser Landschaft werden schmaler. Erlösung verheißen sie nicht immer, wie noch bei Dostojewski, der im *Idiot* von Myškin aus eigner Erfahrung mitteilt: *Er dachte daran, daß in seinem epileptischen Zustand kurz vor jedem Anfall ganz plötzlich mitten in der Traurigkeit, der inneren Finsternis, des Bedrücktseins und der Qual, sein Gehirn sich für Augenblicke gleichsam blitzartig erhellte und alle seine Lebenskräfte sich mit einem Schlage krampfhaft anspannten. Die Empfindung des Lebens, des Bewußtseins verzehnfachte sich in diesen Augenblicken. Der Verstand, das Herz waren plötzlich von ungewöhnlichem Licht erfüllt; alle Aufregung, alle Zweifel, alle Unruhe löste sich gleichsam in eine höhere Ruhe auf, in eine Ruhe voll klarer, harmonischer Freude und Hoffnung, voll Sinn und letzter Schöpfungsursache. Wenn er später über diese Sekunde nachdachte, mußte er sich sagen, daß doch all diese Augenblicke eines höheren Bewußtseins und einer höheren Empfindung seines Ich, und folglich auch eines ,höheren Seins', schließlich nichts anderes waren als eine Unterbrechung des normalen Zustandes: seiner Krankheit. ,Aber was ist denn dabei', dachte er schließlich, ,was geht es mich an, daß diese Anspannung nicht normal ist, wenn der Augenblick dieser Empfindung nachher bei der Erinnerung an ihn sich als höchste Stufe der Harmonie, als ein unerhörtes und zuvor nie geahntes Gefühl der Fülle, des Maßes, des Ausgleichs und des erregten, wie im Gebet sich steigernden Zusammenfließens mit der höchsten Synthese des Lebens erweist?*

Bei Trakl sehen die Gesichte anders aus: *Tief ist der Schlummer in dunklen Giften, erfüllt von Sternen und dem weißen Antlitz der Mutter, dem steinernen. Bitter ist der Tod, die Kost der Schuldbeladenen; in dem braunen Geäst des Stamms zerfielen grinsend die irdenen Gesichter.* Wohl möglich, daß diese entsetzliche Form der Überwältigung sich einer Variante des *status epilepticus* zuschreiben läßt; ebenso wie die *Schreie im Schlaf* [Trakl], von denen Dostojewski berichtet. Seine todähnlichen Anfälle hat Freud als unbewußten Vollzug der Selbstbestrafung für den Todeswunsch gegenüber dem Vater gedeutet *[Dostojewski und die Vatertötung]*. Seinen Todeswunsch gegen die Mutter hat Trakl [Ludwig von Ficker gegenüber] unmittelbar geäußert: *Ich habe meine Mutter so gehaßt, daß ich sie hätte ermorden können.* Auch wenn sich dieser Wunsch in der Tiefenschicht anders lesen läßt [‚Ich habe meine Mutter so geliebt, daß ich ihr hätte Gewalt antun können.'], wäre möglich, in seinen Alkohol- und Rauschmittelexzessen die suizidale Neigung zu erkennen. Daß der gequälte Mann an Paranoia gelitten hat, ist klinisch erwiesen: ein Mann mit einem offenen Messer in seinem Rücken bedrohe, dröhnendes Glokkenläuten verfolge ihn, hat der Armeepsychiater in Krakau ins Krankenprotokoll notiert. Und im Februar 1913 hat Trakl aus Salzburg Ficker mitgeteilt: *Es erschreckt mich, wie sehr sich in der jüngsten Zeit ein unerklärlicher Haß gegen mich mehrt und in den kleinsten Geschehnissen des täglichen Lebens in fratzenhafte Erscheinung tritt.* Ein Brief aus der Geburtsstadt, wo der Verfolgungswahn natürlicherweise seinen Ausgang nehmen mußte.

Auch syntaktisch hinterläßt der Prozeß der Selbstzerstörung seine Spuren im Werk. So verschwinden etwa hie und da die finiten Verben; aber auch ihr Erlöschen in einer qualvoll nach innen gewendeten *Hypertrophie* verdichtet – über die Verständnisverweigerung hinweg – das Gemeinte: *O ihr zerbrochenen Augen in schwarzen Mündern.* Oder:

Die Nacht und sprachlos ein vergessenes Leben. Freund; die belaubten Stege ins Dorf. Damit wird etwas geleistet, was Wilhelm von Humboldt einmal in den Satz gefaßt hat: *Alle Sprachformen sind Symbole, nicht die Dinge selbst, nicht verabredete Zeichen, sondern Laute, welche mit den Dingen und Begriffen, die sie darstellen, durch den Geist, in dem sie entstanden sind und immerfort entstehen, sich in wirklichem, wenn man es so nennen will, mystischem Zusammenhang befinden.* Karl Kraus hat diesen Satz seinem Werk *Die Sprache* als Motto vorangestellt. Er beschreibt genau das, was diesen *Zürnenden Magier, dem unter flammendem Mantel der blaue Panzer des Kriegers klirrt,* tief an Georg Trakl gebunden hat.

Vorhölle

An herbstlichen Mauern, es suchen Schatten dort
Am Hügel das tönende Gold
Weidende Abendwolken
In der Ruh verdorrter Platanen.
Dunklere Tränen odmet diese Zeit,
Verdammnis, da des Träumers Herz
Überfließt von purpurner Abendröte,
Der Schwermut der rauchenden Stadt;
Dem Schreitenden nachweht goldene Kühle,
Dem Fremdling, vom Friedhof,
Als folgte im Schatten ein zarter Leichnam.

Leise läutet der steinerne Bau;
Der Garten der Waisen, das dunkle Spital,
Ein rotes Schiff am Kanal.
Träumend steigen und sinken im Dunkel
Verwesende Menschen
Und aus schwärzlichen Toren
Treten Engel mit kalten Stirnen hervor;

Bläue, die Todesklagen der Mütter.
Es rollt durch ihr langes Haar,
Ein feuriges Rad, der runde Tag
Der Erde Qual ohne Ende.

In kühlen Zimmern ohne Sinn
Modert Gerät, mit knöchernen Händen
Tastet im Blau nach Märchen
Unheilige Kindheit,
Benagt die fette Ratte Tür und Truh,
Ein Herz
Erstarrt in schneeiger Stille.
Nachhallen die purpurnen Flüche
Des Hungers in faulendem Dunkel,
Die schwarzen Schwerter der Lüge,
Als schlüge zusammen ein ehernes Tor.

Man kann *Vorhölle,* im Frühsommer 1914 entstanden, in
zwei Richtungen lesen: ein Blick auf die eigene *Verdammnis* und der andere auf die *rauchenden Städte,* die von den
Todesklagen der Mütter erfüllt sind: der Mythos von den
Troerinnen des Euripides – *der Erde Qual ohne Ende* bewei-
nend. Im *feurigen Rad,* das *durch ihr langes Haar rollt,* ver-
birgt sich der Mythos des Ixion, der von Zeus auf ein Feu-
errad geflochten ward, weil er sich die Zuneigung Heras
erschleichen und sich ihrer rühmen wollte.

Als schlüge zusammen ein ehernes Tor: kein Gedicht deut-
scher Sprache hat mit dieser Unerbittlichkeit über seine
Zeit und zugleich über den gesprochen, der es schrieb: *Ein
Herz Erstarrt in schneeiger Stille.*

5. Mechanische Landschaft

Aus dem Jahr 1929 ist eine Notiz Edvard Munchs bekannt, die einen Vorgang ins Auge faßt, der auch Trakls dichterisches Arbeiten beleuchtet; sie lautet: *Es kam vor, daß ich entweder in einer krankhaften verzweifelten Gemütsstimmung oder auch in einer frohen Stimmung eine Landschaft fand, die ich gern malen wollte. Ich holte die Staffelei, stellte sie auf und malte das Bild nach der Natur. Es wurde ein gutes Bild, aber es wurde nicht das, was ich machen wollte. Ich konnte es nicht so malen, wie ich es in der krankhaften oder frohen Stimmung sah. Das geschah oft. Ich fing dann in ähnlichen Fällen an wegzukratzen, was ich gemacht hatte. In meiner Erinnerung suchte ich nach dem ersten Bild, dem ersten Eindruck. Ich versuchte, dieses erste Bild ,zurückzubekommen'.*

Trakls Manier, *wegzukratzen,* nicht um Neues, sondern um das von der *Erinnerung* Festgehaltene *zurückzubekommen,* einen nicht unbedeutenden Teil der Gedichte umzuarbeiten, in bis zu vier Fassungen nach dem Ursprung zu suchen, füllt in der historisch-kritischen Ausgabe seines Werks die Hälfte des zweiten Bandes. Nicht allein der Wandel der Bildfassungen, ihre Verdichtung ist hier zu beobachten: in vielen Fällen wird etwas kenntlich, was für die Übertragung der Seelen- auf die Naturlandschaft spricht, für ein Entschwinden aus alten Anrufungstopoi, die der Moderne seiner Zeit zunehmend absurd erschienen sind.

Hölderlins Einsicht in die *aorgische,* die teilnahmslose Natur *[Grund des Empedokles]* hatte vom Verständnis ihres Rätselcharakters gesprochen, den das neue Jahrhundert nun auch auf den *dunklen Kontinent der Seele* zu beziehen lehrte; nach Baudelaire, nach Nietzsche zunächst in einem

Ablösungsprozeß vom Tradierten, der während der Décadence mit einem Naturhaß sich vollzog, in dem nur noch die künstliche Natur ihre düsteren Blüten trieb: mit den *Landschaftsbeträumern und Blümchenverduftern* [Benn] war es endgültig vorbei. Wohl vor allem gegen jene, die ihre Wunschvorstellungen in die Natur zu projizieren sich angewöhnt hatten und mit dem Chaos der Natur auch gleich das eigene zu verhüllen trachteten, richtete sich schon Baudelaires Hohn, als man ihn 1855 für eine Anthologie um Naturgedichte bat: *Sie bitten mich um Verse für Ihren kleinen Band, Verse über die Natur? Über die Wälder, die großen Eichen, das Grüne, die Insekten – die Sonne vermutlich? Aber Sie wissen doch, daß ich außerstande bin, über die Vegetabilien in Rührung zu geraten ... Ich war sogar immer der Ansicht, daß die Natur, in ihrem Blühen, ihrem Sicherneuern etwas Trauriges, Hartes, Grausames an sich hat. Ich schicke Ihnen zwei Gedichte* [Le crépuscule du matin; Le crépuscule du soir], *die ungefähr die Geisteshaltung der Träumereien vermitteln, die mich um die Stunden der Dämmerung überfallen.*

Die erste Strophe aus *Abenddämmerung* lautet [in Benjamins Übersetzung]: *Der süße Abend kommt, der's mit den Schächern hält; Er schleicht sich wie ihr Helfershelfer sacht heran; nun fällt Des Himmels riesige Portiere langsam vor Und Raubwild will in uns, den Irrenden, empor.* Die ironische Übersetzung eines Natur- in einen Bühnenvorgang, artifiziell durch und durch: und die vollkommene Identifikation des Zwielichts mit dem Aufbrechen der menschlichen *Raubtier*triebe. Der Fortgang des Gedichts reißt die ,Naturbetrachtung' nun vollends in jene der Großstadt zurück, die die Natur ohnehin schon zu Baudelaires Zeiten in einem wüsten mimetischen Gestus zu überwältigen beginnt: als Dschungel. Die Tiefenschichten dieser Mimesis erkennt Baudelaires höhnischer Brief gleichsam mühelos; er schließt mit dem Satz: *Am Grunde der Wälder, eingeschlossen unter jenen Wölbungen, die denen der Sakristeien und Kathedralen gleichen, denke ich an unsere erstaunlichen*

Städte, und die gewaltige Musik, die über den Wipfeln brandet, kommt mir wie die Übersetzung der menschlichen Klagen vor. Das Chaos der Menschenwelt wird in dem der Natur wiedererkannt.

Bei Trakl gehen die *menschlichen Klagen* vollkommen ins Naturbild ein. Wohl finden sich in einigen Gedichten noch Relikte der Gründerzeit-Tradition und man hat sie sicher nicht zuletzt deshalb mancher Anthologie einverleibt, um sich ein Trakl-Bild zu erhalten, das stimmungsmäßig vor den Katastrophen sicherte, die diese Verse deckten; so *Verklärter Herbst* [entstanden im September 1912 in Salzburg]:

> Gewaltig endet so das Jahr
> Mit goldnem Wein und Frucht der Gärten.
> Rund schweigen Wälder wunderbar
> Und sind des Einsamen Gefährten.
>
> Da sagt der Landmann: Es ist gut.
> Ihr Abendglocken lang und leise
> Gebt noch zum Ende frohen Mut.
> Ein Vogelzug grüßt auf der Reise.
>
> Es ist der Liebe milde Zeit.
> Im Kahn den blauen Fluß hinunter
> Wie schön sich Bild an Bildchen reiht –
> Das geht in Ruh und Frieden unter.

Der *grüßende Vogelzug* auf dieser *Reise* kündigt schon jene andern Züge an, die bei Trakl nur nach außen hin etwas mit der Auguren-Wahrsagerei zu tun hatten, unübersehbar aber Unheilsdrohung waren. Den ersten Gedichtband hatte Trakl 1913 noch selbst geordnet und kaum zufällig steht da dem *Verklärten Herbst* das folgende sehr nahe:

Winterdämmerung

Schwarze Himmel von Metall.
Kreuz in roten Stürmen wehen
Abends hungertolle Krähen
Über Parken gram und fahl.

Im Gewölk erfriert ein Strahl;
Und vor Satans Flüchen drehen
Jene sich im Kreis und gehen
Nieder siebenfach an Zahl.

In Verfaultem süß und schal
Lautlos ihre Schnäbel mähen.
Häuser dräu'n aus stummen Nähen;
Helle im Theatersaal.

Kirchen, Brücken und Spital
Grauenvoll im Zwielicht stehen.
Blutbefleckte Linnen blähen
Segel sich auf dem Kanal.

[Jahreswende 1911/1912]

Die düstere, die Spätherbst- und Winterlandschaft, fortan fast ausschließlich Gegenstand der Naturlyrik, ist nicht allein Widerbild der *krankhaften verzweifelten Gemütsstimmung,* sie ist vollkommen in der Grundbefindlichkeit aufgegangen. Auch hier:

Im Winter

Der Acker leuchtet weiß und kalt.
Der Himmel ist einsam und ungeheuer.
Dohlen kreisen über dem Weiher
Und Jäger steigen nieder vom Wald.

Ein Schweigen in schwarzen Wipfeln wohnt.
Ein Feuerschein huscht aus den Hütten.
Bisweilen schnellt sehr fern ein Schlitten
Und langsam steigt der graue Mond.

Ein Wild verblutet sanft am Rain
Und Raben plätschern in blutigen Gossen.
Das Rohr bebt gelb und aufgeschossen.
Frost, Rauch, ein Schritt im leeren Hain.

Jede Nachschrift von Natur – auch an Munchs Bildern ist
dies zu sehen – ist illusionär. Noch das Bild *Elis'*, der *die
Arme schöner im Blau regt*, spricht gestisch von dieser Illu-
sion. Nicht die Grausamkeit und Finsternis von Bildern, die
Trakl eine erfahrene Lebensschuld aufgenötigt hat, vor allem ihr wahrhaft desparater, nur zum Schein zerrissener
Zusammenhang stellt jene Tiefenverbindung zwischen dem
,Betrachter' des Naturbilds und diesem selbst her: *Du, noch
Wildnis, die rosige Inseln zaubert aus dem braunen Tabaksge-
wölk und aus dem Innern den wilden Schrei eines Greifen
holt, wenn er um schwarze Klippen jagt in Meer, Sturm und
Eis:* so in *Verwandlung des Bösen* [in der Sammlung *Sebastian im Traum*].
  Wer solche Sätze nur des Grausamen bezichtigt, statt
der Graumsamkeit ansichtig zu werden, die diese Sätze sehen – und zwar in einem äußerst knapp gefaßten Sinn historisch –, der kann nicht wahrnehmen, was zu Trakls Zeiten an der Zeit war. Trakls Sprache erscheint wie ein
Abbild der Natur, ihr Rätsel, das vollkommen in der Sprache aufgeht. So bleibt authentisch nicht nur in Richtung
auf den Leser dieser Dichtung, auch in Richtung auf ihn
selbst: die Fassungslosigkeit angesichts eines Rätsels, das
einen anspringt.
  Nicht mehr also die zugeneigte Beobachtung wird aus-

gesprochen: hier wird noch das von Hölderlin nachgerisse-
ne Bild der teilnahmslosen Natur gesprengt und mit der eigenen Seelenlandschaft ein Naturbild hergestellt, das sich
aller Restauration versagt. Das kann nicht nur ein Reflex
auf die Persönlichkeitsgeschichte sein. Diese Fassungslosigkeit vor einem Rätsel hatte bei Goethe in einer unvergleichlichen kleinen Szene des *Wilhelm Meister* noch in eine Überraschung gefunden, die auf der Ebene der Wider-
spiegelung spielerisch vorausnimmt, was kaum ein Jahrhundert später sich als Wiedererkennen zeigen wird. Eine
Gesellschaft sieht, beim Betreten eines auf einer natürlichen
Anhöhe errichteten Saales in einem großen Spiegel die hinter sich gelassene Landschaft: *Das Herankommen war
künstlich genug eingerichtet und alles klüglich verdeckt, was
Überraschung bewirken sollte. Niemand trat herein, ohne daß
er von dem Spiegel zur Natur und von der Natur zum Spiegel
sich nicht gern hin und wieder gewendet hätte.*

Das aber gehörte noch einer Naturaneignung zu, die
später, dem Goetheschen Verständnis ihrer Verrätselung
entzogen, noch in Trakls Lebenszeit zu ihrer Bemächti-
gung führte. Wer allein ihn für die Grausamkeit seiner Bilder verantwortlich macht, bleibt blind für die Trauer, die
jenseits des privaten Schicksals den schauerlichen Allgemeinbefund gesehen hat:

Am Moor

Wanderer im schwarzen Wind; leise flüstert das dürre
Rohr
In der Stille des Moors. Am grauen Himmel
Ein Zug von wilden Vögeln folgt;
Quere über finsteren Wassern.

Aufruhr. In verfallener Hütte
Aufflattert mit schwarzen Flügeln die Fäulnis;
Verkrüppelte Birken seufzen im Wind.

Abend in verlassener Schenke. Den Heimweg
umwittert
Die sanfte Schwermut grasender Herden,
Erscheinung der Nacht: Kröten tauchen aus silbernen
Wassern.

Möglich wäre durchaus, daß dies auf Beobachtungen zurückgeht. Dennoch bleibt der Eindruck, allein aus düsteren
Teilen sei hier eine Montage hergestellt, die nur diesen und
keinen anderen Eindruck vermitteln soll. Nichts vollkommen Unwirkliches ist an diesem Bild, all das kann – auf einem späten Spaziergang – gesehen und aufgenommen
sein: noch das fahle Licht auf den Moorgewässern, aus denen die Kröten tauchen. Was am Ende zustande kommt, ist
ein mechanisches Bild: nicht freilich jenen verhüllend träumerischen Bildern gleich, die im Vordergrund die grasende
Herde zeigen, den Hirten, der Flöte spielt, neben ihm zwei
Kinder, die sich im Takte danach wiegen, weiter hinten
zwei Jäger, die Jagd auf einen Löwen machen und ganz im
Hintergrund eine hohe eiserne Brücke, die ein Zug überquert. Jene noch im 19. Jahrhundert geschätzten Gemälde
zogen, wie Benjamin im *Passagen-Werk* festgehalten hat,
*Länder- und Zeitenfernen in die Landschaft und in den Au-
genblick ein.* Der Schock, den auch sie schon, fast spielerisch, vermitteln mußten, bricht in Gedichten wie diesem in
der Verschmelzung von Ferne und Nähe, vom vordergrün-
dig ‚Aufgehobenen‘ mit der Dunkelheit des Horizonts, der
es längst überwältigt, ja durchdrungen hat, vollends hervor.
Das *mystisch ergriffene Wort*, wie Benn einmal diesen ab-
rupten Erkenntnisvorgang genannt hat, mit dem der Riß
zwischen Ideal und Realität Sprache wird, die alle Erklä-
rungen illusionär macht, läßt in Trakls Gedicht noch die Bewegung erstarren, die diesen Abgrund schließen könnte: *Aufruhr* wird zur Metapher. Unvorgesetzt und folgenlos steht

sie da. Denn was sie an Regungen umgibt, sind die Kratz-spuren der Vögelzüge am Himmel; die Fäulnis in der Kate, brütend wohl, ist nur von kalter Resignation metapho-risch in einen Schwarm mit düsteren Flügeln gewandelt.

Ein mechanisches Bild insgesamt: es ist die Mechanik des Verfalls. Sie antwortet nicht nur auf die spätidealisti-sche Naturverbrämung, auf die die mechanischen Bilder setzten, sie fordert für Natur die Rechte ein, die sie dem Menschen längst voraus hatte, chiffriert für eine Gesell-schaft, die die Räume hinterm Spiegel für betretbar hielt. So wird mit dieser Mechanik auch die Tonlosigkeit des Entsetzens vernehmbar, das in der verwüstenden Blindheit verkappter, idealer Naturbeschau die Geschichte ihrer künftigen Zerstörung erfaßt: der Feldzug begann ja mit der Kulturlandschaft. Wohl kaum jemand erkannte in der artifiziellen Naturnachahmung der Décadence jenseits der Verachtung des Naturideals die schrille Warnung vor den Katastrophen, die schon in der Überwältigung der Natur durch ihre ideale Abbildung vorausgeschrieben waren. Die-sen am Ende mörderischen Beutezug erkennt auch Trakls Gedicht: seine scheinbare Reglosigkeit ist die Chiffre des künftigen Aufruhrs. *Winternacht* heißt ein Text, der in der Sammlung *Sebastian im Traum* zu finden ist. Er *schmiedet* die Bildteile, aus denen das Entsetzen und die Drohung des Künftigen sprechen, nun wahrhaft *zu einem einzigen Ein-druck zusammen:*

Schwarzer Frost. Die Erde ist hart, nach Bitterem schmeckt die Luft.

Deine Sterne schließen sich zu bösen Zeichen.

Mit versteinerten Schritten stampfst du am Bahndamm hin, mit runden Augen, wie ein Soldat, der eine schwarze Schanze stürmt. Avanti!

Bitterer Schnee und Mond!

Ein roter Wolf, den ein Engel würgt. Deine Beine klirren schreitend wie blaues Eis und ein Lächeln voll Trauer und

Hochmut hat dein Antlitz versteinert und die Stirne erbleich
vor der Wollust des Frostes;

   oder sie neigt sich schweigend über den Schlaf eines Wäch-
ters, der in seiner hölzernen Hütte hinsank.

   Frost und Rauch. Ein weißes Sternenhemd verbrennt die
tragenden Schultern und Gottes Geier zerfleischen dein metal-
lenes Herz. O der steinerne Hügel. Stille schmilzt und verges-
sen der kühle Leib im silbernen Schnee hin.

   Schwarz ist der Schlaf. Das Ohr folgt lange den Pfaden der
Sterne im Eis.

Wohl im Herbst 1910 oder 1911 schreibt Trakl aus Salzburg einen Brief, in dem das Folgende zu lesen ist: *Es*
kommt vor, daß ich tagelang herumvagabundiere, bald in den
Wäldern, die schon sehr rot und luftig sind und wo die Jäger
jetzt das Wild zu Tode hetzen, oder auf den Straßen in trost-
losen und öden Gegenden, oder auch an der Salzach herum-
lungere und den Möven zuschaue. Aber es ist mehr Unruhe in
mir, als ich mir eingestehen mag ... aber man tut gut daran,
sich gegen vollendete Schönheit zu wehren, davor einem
nichts erübrigt als ein blödes Schauen. Nein, die Losung ist
für unsereinen: Vorwärts zu Dir selber!

Sicher ist, daß man dieses *Gnoti seauton* immer wieder, in
allem was er schrieb, wird mitlesen müssen. Aber es entfal-
tet, gleichsam über sich hinaus, doch auch die historische
Perspektive einer ganz anderen Menschenlebens-Schuld als
die Isolation der seinen. In die ihm vertraute Morphologie
hat er das gefaßt: *Gottes Geier zerfleischen dein metallenes*
Herz.

   Wohl mochte sich die Neigung, der noch die späte Goe-
the-Zeit anhing, Landschaft und mit ihr Natur überhaupt
als die Allegorie des Paradiesischen nachzubilden, nicht allein erhalten; sondern in einer Zeit, da ihr der kalte Einspruch Baudelaires, wenig später die verächtliche Einsicht
Nietzsches entgegentraten, sollte sie gemütvoll [etwa bei

71

Geibel] aufgewärmt werden; die großen Kunstwerke, an denen Trakls ist es zu sehen, waren am Ende die *katastrophische Erfüllung* [Adorno] des allegorischen Gegenbildes von der angstvoll erwarteten Zerstörung. Noch immer hatte es Fluchtpunkte gegeben: auszumachen gerade in der schwermütigen Wende einer Naturpoesie, die sich bei der Droste (und auch bei Storm) freizumachen begann von der Steigerung des Gefühls, von ,Erhabenheit', und Identität gewann in der Heimsuchung durch die Natur.

Trakls Naturdichtung erkannte aber mit furchtbarer Genauigkeit in den seinen auch die Wunden, die der Natur alsbald geschlagen wurden: *Schweigend erscheint die Nacht, ein blutendes Wild, Das langsam hinsinkt am Hügel.* Und: *O des Menschen verweste Gestalt: gefügt aus kalten Metallen, Nacht und Schrecken versunkener Wälder Und der sengenden Wildnis des Tiers; Windesstille der Seele.* Die schneidende Mechanisierung des Lebendigen (von mancher Sanftheit fast lauernd verhüllt) nimmt die Brutalität des Schlachtfelds voraus.

Die Phantasie, streng an die psychische Bewegung vor Angst und Entsetzen geheftet, ist in Wahrheit trauerfähige Naturerfahrung; auch dort noch, wo das Gemeinte metaphorisch verschlüsselt wird: *Unter saugenden Bäumen Wandert ein Dunkles in Abend und Untergang, Lauschend der sanften Klage der Amsel.* Im Verfallsprozeß teilt Leidenserfahrung unmittelbar sich mit. So kann nicht überraschen, daß das Bild, das Betrachtete, den Sprechenden, das lyrische Ich aufsaugen; es wird Teil ihrer selbst: *Mantel im schwarzen Wind* – auch dann, wenn der Anblick einer Vogelscheuche unmittelbarer Anlaß für diese Fügung gewesen sein mag. Wer sich da äußert, tritt nicht einfach zurück, er verstummt, wird in den Trichter der Gegenstände hineingesogen: ihr eigener Laut wird Sprache: *es sank Friedlich das ergrünte Gezweig auf ihn, Mohn aus silberner Wolke.*

Und rätselhaft wie diese Dinge, an denen bildhaft die äußere in eine fremde innere Wirklichkeit umschlägt, deren

Bilder zu Eindrücken zusammenschießen – rätselhaft mag bleiben, ob sich im Gesagten das erschrockene Zurückfahren vor den aufschillernden Urbildern ausdrückt, oder ob das Wiedererkennen des eigenen Selbst in der Natur diese Tonlosigkeit erzwungen hat.

Im Gedicht *Melancholie* ist – noch im Geist der Übertragung der Seelen- in Naturlandschaft – vollends das hinausgewiesen, was gewisser zeitgenössischer Dichtung noch als Rettendes erschienen war – die Kommunikation mit der Natur:

> Die blaue Seele hat sich stumm verschlossen,
> Ins offne Fenster sinkt der braune Wald,
> Die Stille dunkler Tiere; im Grunde mahlt
> Die Mühle, am Steg ruhn Wolken hingegossen,
>
> Die goldnen Fremdlinge. Ein Zug von Rossen
> Sprengt rot ins Dorf. Der Garten braun und kalt.
> Die Aster friert, am Zaun so zart gemalt
> Der Sonnenblume Gold schon fast zerflossen.
>
> Der Dirnen Stimmen; Tau ist ausgegossen
> Ins harte Gras und Sterne weiß und kalt.
> Im teuren Schatten sieh den Tod gemalt,
> Voll Tränen jedes Antlitz und verschlossen.

Das Dorfbild ist der Schein – allein die fremden Fügungen bestimmen die Realität: *Im teuren Schatten sieh den Tod gemalt;* gerade das alte Wort *teuer* zieht die Kontur schärfer; denn nicht der Abschied vom ohnehin Vergänglichen steht hier zur Rede: *Ins offne Fenster sinkt der braune Wald* – gesprochen wird von der Konspiration mit Natur, nicht von der Kommunikation: Vermenschlichung zergeht zum Artefakt: die *am Zaun gemalte Aster* weist auf die Künstlichkeit obsolet gewordener Naturbetrachtung. Allein in der Konspiration mit ihr treten die düsteren Mächte des Ineinanderaufgehns hervor. Ging die Natur ins Menschenleben ein mit ihren Elementen, die allegorisch in den roten Rossen erscheinen, so wird dieses Leben selbst in ihr zerfallen, in ihrer Erde ganz sie selbst werden. Von diesem end- und erdgültigen Schweigen ist etwas in der Tonlosigkeit zu vernehmen, die [noch in der 2. Fassung der *Passion*] zu dem Satz findet: *Wandelnd an den schwarzen Ufern Des Todes, Purpurn erblüht im Herzen die Höllenblume.* Und in der 1. Fassung der ersten Strophe von *Vorhölle* tritt abermals das Konspirative ins Halblicht des Satzes: *Am Saum des Waldes – es wohnen dort die Schatten der Toten – Am Hügel sinkt ein goldener Kahn, der Wolken blaue Ruh Weidend in der braunen Stille der Eichen.*

Die trauernde Schärfe, die Unerbittlichkeit, mit der diese Lyrik jeder mimetischen Neigung einer lyrischen Geschichte entgegentritt, der spätestens seit Rimbaud eine irreversible Abfuhr erteilt worden war, enthält gleichwohl verborgen mimetische Züge bei Trakl, die das vom Idealismus Zerrüttete wiederherstellen: *Jener kehrt wieder und wandelt an grünem Gestade* – es ist der Ton, der kaum ein halbes Jahrhundert nach Trakls Tod bei Lyrikern wie Huchel und Bachmann wieder zu vollkommenen Zeilen führen kann. [Huchel: *Schön ist die Heimat, Wenn über der grünen Messingscheibe Des Teichs der Kranich schreit.* Ingeborg Bachmann: *Leicht ruht der Pfeil der Zeit im Sonnenbogen. Wenn die Agave aus dem Felsen tritt, Wird über dir dein Herz im Wind gewogen Und hält mit jedem Ziel der Stunde Schritt.*]

Von ihm ausgehend, durch ein Halbjahrhundert, dessen Perspektive ihm die letzten Lebenskräfte aufgezehrt hätte, ist eine Lyrik noch möglich gewesen, die akkumulierte Leidensgeschichte ward:

Dunkler umspielen die Wasser die schönen Spiele der Fische.

Stunde der Trauer, schweigender Anblick der Sonne;
Es ist die Seele ein Fremdes auf Erden. Geistlich dämmert

Bläue über dem verhauenen Wald und es läutet
Lange eine dunkle Glocke im Dorf; friedlich Geleit.
Stille blüht die Myrthe über den weißen Lidern des
Toten.

Sehr fern sollte bei diesen Bildern nicht der Gedanke sein,
daß in ihnen auch jene Beherrschung der Natur, die in der
beschwörenden Höhlenmalerei hervortrat und bis in ihre
Verwertung als Ware sich erhalten hat, gründlich verworfen wird: das geschieht noch im Angesicht der steinernen
Festsetzung durch die ästhetischen Theoreme seiner Zeit,
auf diese Ur-Bilder berufe sich Kunst überhaupt.

Ein wohl zu ihrem Glück unergründliches Geheimnis in
der von Schwermut bitteren Kunst Trakls scheint gerade in
seinen Natur umspielenden Gedichten zu sein, daß die
nach außen hin dissonanten Bilder sich auf einer Ebene gegen die ,Versöhnung' von Mensch und Natur gewendet
haben, wo diese Versöhnungsneigung unmenschlich wird.
Ein Dichter wie er konnte sein Verständnis von Wiedererkennen der Natur im Menschen nur in einer ungelösch-
ten Erinnerungsspur finden. Auf dem Wege einer historischen Rekonstruktion war das nicht möglich. Die nach ihm
kamen, wußten dies wohl: selbst dort, wo sie reine Naturlyrik zu schreiben schienen, lenkten sie nicht einfach ein.
Und wo sie mythische Bilder in ihren Versen erkennen ließen, war das nicht einfach machtbesetzte Beschwörung,
damit sich wieder herstelle, was längst unter einer Abraum-
halde verkommen war; es blieb, in der Erinnerungsspur,
das mythische Zitat, in dem es der Wahrheit gemäß – und
in der Folge von Nietzsches irreversibler *Ewiger Wieder-*
kehr – mit den rechten, furchtbaren Dingen zuging: Hu-
chels Gedichte aus Rußland, aus Italien und Kleinasien
sprechen davon. Beim großen Vorgänger, Trakl, ist noch
unter den Sänftigungen der Widerhall von Trauer zerbrochener Töne zu hören, die aus dem alten Bann des Beschwörenden entschwinden: Bilder, in denen es Herbst ist,
zum letzten Mal:

Im Park

Wieder wandelnd im alten Park,
O! Stille gelb und roter Blumen.
Ihr auch trauert, ihr sanften Götter,
Und das herbstliche Gold der Ulme.
Reglos ragt am bläulichen Weiher
Das Rohr, verstummt am Abend die Drossel.
O! dann neige auch du die Stirne
Vor der Ahnen verfallenem Marmor.

So spricht auch der Titel *Siebengesang des Todes* [Nieder-
schrift zu Beginn des Jahres 1914 in Innsbruck] nur zum
Schein von Magie. Trakls vielleicht größtes Naturgedicht
faßt *wachend und bewegt von nächtigem Wohllaut* [wie es in
Passion heißt] wie in einer Parabel die ganze Bewegung
seiner Natursicht zusammen – bis zum niederstürzenden
Blick in die Nacht und den Schrecken versunkener Wälder,
von der Urzeit bis ins Gegenwärtige:

Bläulich dämmert der Frühling; unter saugenden
Bäumen
Wandert ein Dunkles in Abend und Untergang,
Lauschend der sanften Klage der Amsel.
Schweigend erscheint die Nacht, ein blutendes Wild,
Das langsam hinsinkt am Hügel.

In feuchter Luft schwankt blühendes Apfelgezweig,
Löst silbern sich Verschlungenes,
Hinsterbend aus nächtigen Augen; fallende Sterne;
Sanfter Gesang der Kindheit.

Erscheinender stieg der Schläfer den schwarzen Wald
hinab,
Und es rauschte ein blauer Quell im Grund,
Daß jener leise die bleichen Lider aufhob
Über sein schneeiges Antlitz;

Und es jagte der Mond ein rotes Tier
Aus seiner Höhle;
Und es starb in Seufzern die dunkle Klage der Frauen.

Strahlender hob die Hände zu seinem Stern
Der weiße Fremdling;
Schweigend verläßt ein Totes das verfallene Haus.

O des Menschen verweste Gestalt: gefügt aus kalten
Metallen,
Nacht und Schrecken versunkener Wälder
Und der sengenden Wildnis des Tiers;
Windesstille der Seele.

Auf schwärzlichem Kahn fuhr jener schimmernde
Ströme hinab,
Purpurner Sterne voll, und es sank
Friedlich das ergrünte Gezweig auf ihn,
Mohn aus silberner Wolke.

6. Leerer Himmel

Daß die einzige ehrliche Revue Österreichs in Innsbruck erscheint, sollte man, wenn schon nicht in Österreich, so doch in Deutschland wissen, dessen einzige ehrliche Revue gleichfalls in Innsbruck erscheint. Gemeint ist *Der Brenner.* Die trockene, bitterernste anagrammatische Sequenz über Ludwig von Fickers angesehene Halbmonatsschrift stammt von Karl Kraus. Im Frühjahr 1912 macht der junge Wiener Dichter Robert Müller den Herausgeber des *Brenner* auf Dichtungen Trakls aufmerksam und bereits am 1. Mai desselben Jahres erscheint *Vorstadt im Föhn* in dieser Zeitschrift. Alles was er fortan schreiben wird, nimmt Ludwig von Ficker in Druck, ist sogar bereit, unter dem Namen seines Verlages einen Gedichtband herauszubringen. Wenn es einen Begriff von Freundschaft gibt, der einschließt, daß ein von furchtbaren Seelenqualen Bedrohter behütet werden muß: dann hat Ludwig von Ficker ihn in einem Sinn erfüllt, der noch das Verletzende und *Funkelnd-Böse* an Trakl immer als entsetzlichen Teil der Leiden dieses Mannes erkannt hat.

Am 22. Mai 1912 sind sie einander zum ersten Mal begegnet: die Rauch-Villa in Mühlau bei Innsbruck wird in den siebenundzwanzig Monaten, ehe Trakl in einem Viehwagen an die galizische Front transportiert wird, immer wieder – oft die letzte – Zuflucht sein. Ficker hat sich wie folgt an die erste Begegnung erinnert: *Es war im Café Maximilian, im ersten Stock. Wieder einmal hatte ich mich, bald nach Mittag, dort eingefunden, um am sogenannten Brenner-Tisch Freunde zu treffen. Kaum hatte ich mich zu ihnen gesetzt, als mir in einiger Entfernung ein Mensch auffiel, der zwischen zwei Fenstern, die auf die Maria-Theresien-Straße hinausgingen, allein auf einem Plüschsofa saß und mit offenen Augen vor sich hin zu sinnen schien. Die Haare kurz geschoren, mit einem Stich ins Silbrige, das Gesicht von unbestimmbarem Altersausdruck: so saß dieser Fremde da, in einer Haltung, die unwillkürlich anziehend wirkte und gleichwohl Distanziertheit verriet. Doch merkte ich schon, auch er sah, wenn auch scheinbar in sich gekehrt, mit prüfendem Blick wiederholt zu uns herüber, und, kaum war ich aufgetaucht, dauerte es nicht sehr lange, daß mir der Ober seine Karte übergab: Georg Trakl. Erfreut stand ich auf – denn kurz vorher hatte ich sein Gedicht ‚Vorstadt im Föhn‘ veröffentlicht –, begrüßte ihn und bat ihn an unsern Tisch.* [Ludwig von Ficker, *Erinnerung an Georg Trakl*]. Im Februar 1913 hat Trakl an den Freund geschrieben: *Immer tiefer empfinde ich was der Brenner für mich bedeutet, Heimat und Zuflucht in einem Kreis edler Menschlichkeit. Heimgesucht von unsäglichen Erschütterungen, von denen ich nicht weiß ob sie mich zerstören oder vollenden wollen, zweifelnd an allem meinem Beginnen und im Angesicht einer lächerlich ungewissen Zukunft, fühle ich tiefer, als ich es sagen kann, das Glück Ihrer Großmut und Güte, das verzeihende Verständnis Ihrer Freundschaft.*

Von den Freunden war Ludwig von Ficker der letzte, der Trakl noch lebend gesehen hat: er hat ihn in Innsbruck beim Abtransport an die Front verabschiedet und ist in den letzten Oktobertagen nach Krakau ins Armeehospital gereist, in tiefem Kummer um die ohnmächtiger werdenden Zeilen, die ihn von dort erreicht hatten. Er, neben einem anderen, Karl Kraus, hat tief in dieses Leben geblickt, und möglich ist, daß er jenseits der zunehmenden Todeswünsche des Freundes (in ihrer schauerlichen Umkehrung: der Todesangst) jene Sehnsucht nach Erlösung ahnen wollte, die ihm selbst am Ende die Kraft ließ, dem Gequälten noch im Widerspruch fort und fort zuzusprechen.

In einem Brief an Werner Meyknecht [dessen Buch *Das Bild des Menschen bei Georg Trakl* 1935 erschienen ist] hat sich Ludwig von Ficker *wie keinem Fremden, Unbekannten zuvor,* zwanzig Jahre nach dem Tod des Freundes, über Trakls Beziehung zu seiner Schwester, vor allem über das Verständnis aber geäußert, das Karl Kraus von Trakls Dichtung gehabt hat, ein Mann, der, nach Fickers Vermutung, *die leicht aufzuhellenden, klassisch aufgeräumten Geisteshorizonte liebte, die durch keine Emotion der Wahrheit, die über ihnen ist und ihre Schatten auf sie wirft, im Pathos ihrer Eigenmächtigkeit zu erschüttern sind. Gerade die Dichtung Trakls spiegelt einen solchen, durch Einbruch der übernatürlichen Wahrheit in die Sphäre seiner natürlichen Idealität bis auf den Grund erschütterten Geisteshorizont.* Wohl nähre der Geist bei Kraus sich an der Substanz der Wahrheit, versehre sie aber zugleich im Medium seines Schöpferischen, so daß am Ende trotz der unerschöpflichen Möglichkeiten, die ihm die Zeit zur Satire biete, seine Wirkung sich selbst erschöpfen müsse an den Möglichkeiten der Satire, dem Ernst der kommenden Zeiten im Geiste der Wahrheit zu begegnen: Kraus sei auch für Trakl ein Kämpfer auf verlorenem Posten gewesen; er, Trakl selbst, im Bewußtsein seiner Verlorenheit, habe in einem Glauben gewurzelt, der *ihn zum weitblickenden Realisten* gemacht habe. Kraus, *der letzte Idealist,* habe das Tödliche dieser Welt viviseziert, es aber zugleich *im Laboratorium seines konsequent auf Konservierung bedachten Geistes revivifiziert der Nachwelt überliefert. Trakl aber hat aus der Hölle seines Lebens durch ihre Wirklichkeit hindurch bis in die Wirklichkeit des ferngerückten Himmels gesehen.* [Ludwig von Ficker, Briefwechsel; 28. 1. 34]

Aberhunderte von Beispielen aus dem um die 10 000 Seiten umfassenden Werk der *Fackel* könnten den entscheidenden Teil der Analyse eines allen liebenden Respektes würdigen Mannes widerlegen, der Kraus überdies nahestand wie nur wenige: gerade die dunklen Wahrheiten über den ersehnten *klassisch aufgeräumten Geisteshorizonten* hat Kraus mit-liebend und mit-leidend gesehen. Das *Pathos sei-*

ner Macht riß sie nicht nur der Teufelsmaskerade der Mitlebenden, sondern vor allem den Heimgesuchten auf. Die Verbalisierungsgewalt dessen was er schrieb, barg die Tiefe des entsetzten Schweigens und gerade seine geistige Unnahbarkeit hütete den Funken der einzigen, der letzten Wahrheit, daß der Mensch der Schöpfung untertan sei. Für die Widmung des *Psalm* dankte er Trakl [in der *Fackel* Nr. 360–62] am 7. November 1912 mit den Sätzen: *Siebenmonatskinder sind die einzigen, deren Blick die Eltern verantwortlich macht, so daß diese wie ertappte Diebe dasitzen neben den Bestohlenen. Sie haben den Blick, der zurückfordert, was ihnen genommen wurde, und wenn ihr Denken aussetzt, so ist es, als suchte es den Rest, und sie starren zurück in die Versäumnis. Andere gibt es, die denkend solchen Blick annehmen, aber den Blick, der dem Chaos erstatten möchte, was sie zuviel bekommen haben. Es sind die Vollkommenen, die fertig wurden, als es zu spät war. Sie sind mit dem Schrei der Scham auf eine Welt gekommen, die ihnen nur das eine, erste, letzte Gefühl beläßt: Zurück in deinen Leib, o Mutter, wo es gut war!*

Trakls Antwort an Kraus, daß er ihm *einen Moment schmerzlichster Helle* danke, ist die tiefste, die diese umfassende Einsicht erlangen konnte: die eines Mannes, dem Trakls *Lebens-Hölle* erspart geblieben ist, der aber, in der *Revivifizierung des Tödlichen,* in eine andere niederfuhr, *zu richten die Lebendigen und die Toten* [wie Kokoschka das einmal von ihm gesagt hat], eine Hölle, in der auch ihm der Himmel immer ferner rückte. Das Verbindungsstück zwischen beiden Leben, ihr abgründiges einander Verstehen, mag an anderer Stelle zu suchen sein als Trakls [Freunden gegenüber geäußertes] Bekenntnis *Ich bin Christ,* und Kraus' von dunklen Wahrheiten überschattete Erlösungshoffnung. *Wohnt* für Trakl (in dem Gedicht an ihn) in Kraus *Gottes eisiger Odem,* so wirft sich aus dem sanften, erinnernden Umfeld eines Gedichts [*Unterwegs*] unverhofft, wie ein Aufschrei, der Satz: *Jemand hat diesen* schwarzen Himmel verlassen. Wer vom *eisigen Odem Gottes,* wer [in *Grodék*] von einem *zürnenden Gott* spricht, wer sagt: *Gottes Geier zerfleischen dein metallenes Herz,* der redet nicht von der Frohen Botschaft. Für Trakl war in Kraus offenbar ein Identisches gefunden, kaum ein Ich-Ideal, aber doch eine divinitäre Kraft, die den Fluch über das ganze Geschlecht verhängte. Nicht in bezug auf Kraus, aber vielleicht mit einem Blick auf ihn, heißt es einmal: *So bläulich erstrahlt es Gegen die Stadt hin, Wo kalt und böse Ein verwesend Geschlecht wohnt, Der weißen Enkel dunkle Zukunft bereitet.* Immer wieder werden biblische Bilder mit den Untergängen verbunden, die die Fahrt zur Hölle unumkehrbar, entsetzlicher machen: *Dunkle Rosenkranzstunde. Wer bist du Einsame Flöte, Stirne, frierend über finstere Zeiten geneigt.* Die Abgründe der Schwermut sind nun, durch den Blick, den dieser *Kämpfer auf verlorenem Posten,* Kraus, durch Trakls Schicksal hindurch – so sah dieser es wohl selbst – auf die von Ruinen gezeichneten Horizonte warf, zum Allgemeinbefund geworden:

Nächtliche Klage

Die Nacht ist über der zerwühlten Stirne aufgegangen
Mit schönen Sternen
Über dem schmerzversteinerten Antlitz,
Ein wildes Tier fraß des Liebenden Herz
Ein feuriger Engel
Stürzt mit zerbrochener Brust auf steinigen Acker,
Wiederaufflatternd ein Geier.
Weh in unendlicher Klage
Mischt sich Feuer, Erde und blauer Quell.

Es sind die Zusammenbruchsfelder, über denen nur noch eine schwarze Sonne aufgeht; was in jener Höllenwirklichkeit den *ferngerückten Himmel* auf Erlösung hoffend sucht, findet in seinen irdischen Abbildern nichts als die Embleme aufgezehrter Phantasien. Die Dunkelheiten, durch die sein qualvolles, am Ende auf die Selbstzerstörung schon gerichtetes Leben gejagt worden ist, lassen sich von Vermutungen allenfalls in ein Halblicht bringen, das eine wie auch immer gerichtete theologische Neigung gerade des späten Werks in eben dem Zwielicht beläßt, in dem sich ihr Weg, rätselhaft wie alles, verliert: *Frieden der Seele* – ihn vor allem hat er, wie alle der Zerstörung Ausgelieferten, gewünscht: *Soll einer nur heimgesucht werden, um endlich vernichtet zu werden?*

Unter den Freunden, die der Seelennot Trakls zu begegnen suchten, hat einer, Carl Dallago aus dem *Brenner*-Kreis, ihn auf Søren Kierkegaard hingewiesen, der gerade in seinem späten Werk, noch wenige Jahre vor dem Tod, seine furchtbaren Ängste in Erlösungshoffnung zu überführen dringend sich wünschte. Ob Trakl Kierkegaards Arbeit *Der Begriff Angst* [1844] gelesen hat, mag fraglich, aber auch gleichgültig gegenüber einem Verständnis des Wahrheitsbegriffes bleiben, das den seinen mit dem Kierkegaards durchdringend verband. Mit schneidendem Hohn, der kaum die Grauenerfahrung eines Sündenbewußtseins verhüllte (in dem die unaufhebbare Verknüpfung von Schuld und Angst befestigt war), das ihn zunehmend überflutet hat, ist Kierkegaard den kirchlichen *Wahrheitszeugen* begegnet. Einem der ihren rief er nach: *Hätte man ihn dazu bewegen können, sein Leben damit zu enden, daß er dem Christentum das Eingeständnis machte, das, was er repräsentiert, sei eigentlich nicht Christentum, sondern Milderung: dann wäre dies höchst wünschenswert gewesen, denn er trug eine ganze Epoche.* Die Wahrheit, von der Kierkegaard selbst gesprochen hat, ruhte gleichsam in der windstillen Mitte des Taifuns der menschlichen Existenz. Am 25. September 1855 schrieb er in sein Tagebuch den letzten Text, der von ihm überliefert ist. Er beginnt mit den Sätzen: *Die*

Bestimmung des Lebens ist christlich. Die Bestimmung des Lebens ist: zum höchsten Grad von Lebensüberdruß gebracht zu werden. Und der letzte Absatz lautet: *Durch ein Verbrechen bin ich entstanden, ich bin entstanden gegen Gottes Willen. Die Schuld, die jedoch in einem Sinne nicht die meine ist, wenn sie mich auch in Gottes Augen zum Verbrecher macht, ist: Leben zu geben. Die Strafe entspricht der Schuld: aller Lust zum Leben beraubt zu werden, zum höchsten Grad von Lebensüberdruß gebracht zu werden.* Diese verkanteten, gleichsam quer durch die Rationalität hindurchgeschriebenen Sätze, bewahren ein Verständnis von Wahrheit auf, das den Zusammenhang von Schuld und Angst düster beleuchtet; von den Vorsokratikern bis zu Schopenhauer läßt sich seine Spur nachzeichnen. Unbezweifelbar erscheint, daß Trakl, von Kierkegaard intellektuell auf diese Begriffsführung gelenkt, selbst in dieses Verständnis hineingerissen wurde. Die überlieferten Briefe aus seinen letzten Lebensjahren, vor allem jene an Ludwig von Ficker, können auch das bezeugen. Hatte Kierkegaard schon Klarheit darüber verschafft – die Theologen seiner Jahre konnten das mit Zustimmung nicht vernehmen –, daß die unaufhebbaren Ängste im Menschen sich nicht äußeren, sondern allein inneren Realitäten zuschrieben, so blieb dem Vorfahren immerhin die gräßliche Erfahrung erspart, deren Ende für Trakl der *Sturz* ins Bodenlose war: die Wirklichkeit der Außenwelt kam über die innere: *Rote Gesichter verschlang die Nacht.*

So läßt auch Trakls Wendung zur Mystik nicht, ebensowenig wie die Dostojewskis, allein theologisch sich deuten: im Sinn Seumes [s. S. 20] wäre das zu einfach. Im schlimmsten Jahr vor seinem Tod, 1913, hatte er Freunde um die Schriften der Mystiker, vor allem Meister Eckeharts, gebeten. Sein Gedicht *Gesang des Abgeschiedenen* ist so etwas wie ein Widerhall der mystischen Durchdringung Eckeharts von der Überzeugung, daß *daz ewige wort gesprochen wirt in dem innegisten und in dem lutersten und in dem ho-*

*ehsten der selen vernünftikeit: Wenn ich predige, so pflege ich
zu sprechen von Abgeschiedenheit und daß der Mensch ledig
werden soll seiner selbst und aller Dinge.* Liest man bei Trakl
vom (mit einem unbestimmten Artikel versehenen) *Abge-
storbenen,* so wird sich das nicht immer an einen bereits
vollendeten Verfall richten: es meint, im Sinn Eckeharts,
das völlige Gestorbensein gegenüber allem, was den Weg
zur Gottheit hindert. Erst der Mensch, der abgeschieden
sei von allem Hinderlichen, könne *in die groeste glicheit mit
gote* gelangen. Welche Spuren sind in *Gesang des Abgeschiedenen* [Frühjahr 1914] von diesem mystischen Identifika-
tionsangebot geblieben?

Voll Harmonien ist der Flug der Vögel. Es haben die
grünen Wälder
Am Abend sich zu stilleren Hütten versammelt;
Die kristallenen Weiden des Rehs.
Dunkles besänftigt das Plätschern des Bachs, die
feuchten Schatten

Und die Blumen des Sommers, die schön im Winde
läuten.
Schon dämmert die Stirne dem sinnenden Menschen.

Und es leuchtet ein Lämpchen, das Gute, in seinem
Herzen
Und der Frieden des Mahls; denn geheiligt ist Brot
und Wein
Von Gottes Händen, und es schaut aus nächtigen Au-
gen
Stille dich der Bruder an, daß er ruhe von dorniger
Wanderschaft.
O das Wohnen in der beseelten Bläue der Nacht.

Liebend auch umfängt das Schweigen im Zimmer die
Schatten der Alten,
Die purpurnen Martern, Klage eines großen
Geschlechts,
Das fromm nun hingeht im einsamen Enkel.

Denn strahlender immer erwacht aus schwarzen
Minuten des Wahnsinns
Der Duldende an versteinerter Schwelle
Und es umfängt ihn gewaltig die kühle Bläue und die
leuchtende Neige des Herbstes,

Das stille Haus und die Sagen des Waldes,
Maß und Gesetz und die mondenen Pfade der
Abgeschiedenen.

Die mystische Transsubstantiation von Brot und Wein,
nicht nur hier erscheint sie, nimmt den mystischen Gestus
überhaupt im vollkommenen Frieden der Schöpfung auf –
über den Weg der Konspiration mit Natur: *Es haben die
grünen Wälder Am Abend sich zu stilleren Hütten versammelt.* Dies ist die Spur.

Gesang des Abgeschiedenen könnte man selbst dann,
wenn ihm noch eine Handvoll anderer Gedichte gefolgt
sind, in den zarten Hoffnungen von denen es meldet, den
Anfang vom Ende nennen. Es ist an einen Freund des
Brenner-Kreises, Carl Borromäus Heinrich, gerichtet, der
unter ähnlichen Qualen gelitten hat wie Trakl selbst: *Und
es schaut aus nächtigen Augen Stille dich der Bruder an, daß
er ruhe von dorniger Wanderschaft.* Die *purpurnen Martern,*
dem Sohn der Gottheit zugefügt, dem man die Dornen-
krone aufgedrückt, Ende des Sebastian, den man mit Pfeilen durchbohrt hat: das Blut und der Mantel, noch auf alten Darstellungen zu sehen, sind die Urbilder. Auch von
ihnen ausgehend ist das Gedicht zu lesen, das als letztes im
Zyklus *Sebastian im Traum* zu lesen ist.

Kommen hier die im *ferngerückten* Leid gemilderten Peinigungen zurück, die in Verheißungen aufgegangen sind? Man wird das kaum vermuten dürfen. Die höllischen Untergangsvisionen, die sich durch das Spätwerk ziehen, suchen ausdrücklich den Rekurs auf die Strafgerichtsvorstellungen des Alten Testaments. In *Traum und Umnachtung* [Anfang 1914 in Innsbruck entstanden], jenem Prosatext, der den Zyklus *Sebastian im Traum* beschließt, wird, ohne das ausdrücklich zu sagen, die Verfolgung Kains zitiert: *Ein Orgelchoral erfüllte ihn mit Gottes Schauern. Aber in dunkler Höhle verbrachte er seine Tage, log und stahl und verbarg sich, ein flammender Wolf. Mit purpurner Stirn ging er ins Moor und Gottes Zorn züchtigte seine metallenen Schultern; o, die Birken im Sturm, das dunkle Getier, das seine umnachteten Pfade mied . . . die Schatten der Nacht fielen steinern auf ihn . . . Da es Nacht ward, zerbrach kristallen sein Herz und die Finsternis schlug seine Stirne . . . Feindliches folgte ihm durch finstere Gassen und sein Ohr zerriß ein eisernes Klirren . . . In einem verödeten Durchhaus erschien ihm starrend von Unrat seine blutende Gestalt . . . O, daß draußen Frühling wäre und im blühenden Baum ein lieblicher Vogel sänge. Aber gräulich verdorrt das spärliche Grün an den Fenstern der Nächtlichen und es sinnen die blutenden Herzen noch Böses . . . Oder Schauer, da jegliches seine Schuld weiß, dornige Pfade geht . . . Bitter ist der Tod, die Kost der Schuldbeladenen; in dem braunen Geäst des Stamms zerfielen grinsend die irdenen Gesichter . . . Stille trat am Abend der Schatten des Toten in den trauernden Kreis der Seinen . . . Schweigende versammelten sich jene am Tisch; Sterbende brachen sie mit wächsernen Händen das Brot, das blutende . . . In dorniger Wildnis folgte der Dunkle den vergilbten Pfaden im Korn, dem Lied der Lerche und der sanften Stille des grünen Gezweigs, daß er Frieden fände . . . Aber beinern schwanken die Schritte über schlafende Schlangen am Waldsaum, und das Ohr folgt immer dem rasenden Geschrei des Geiers.*

Ist *Gesang des Abgeschiedenen* der lindernde Traum: so *Traum und Umnachtung* das verzweifelte Erwachen, nicht mehr Phantasie sondern Realität. In einem gleichsam rückwärts entzifferten Text wird in zehn jagenden Zeilen seine Menschengeschichte vor den Blick einer aus sich selbst geratenen *Menschheit* eng geführt: in Spiegelschrift von der Nacht vorm Tod in Golgatha bis zu den in Linie vor den Kanonen Aufgestellten:

Menschheit vor Feuerschlünden aufgestellt,
Ein Trommelwirbel, dunkler Krieger Stirnen,
Schritte durch Blutnebel; schwarzes Eisen schellt,
Verzweiflung, Nacht in traurigen Gehirnen:
Hier Evas Schatten, Jagd und rotes Geld.
Gewölk, das Licht durchbricht, das Abendmahl.
Es wohnt in Brot und Wein ein sanftes Schweigen
Und jene sind versammelt zwölf an Zahl.
Nachts schrein im Schlaf sie unter Ölbaumzweigen;
Sankt Thomas taucht die Hand ins Wundenmal.

Was verhornten, dumpfen Seelen immer irrational erscheinen muß, die auf den Tod quälenden Ängste der Depressiven vor allem vor sich selbst, vor den *Dämonen, die sie in ihrem Blute heulen hören,* – in Dostojewski hatte er einen *menschenverlassnen Bruder* dieser Art gesehen und sein furchtbares Werk endlich zitternd von sich geschoben: diese Ängste waren mit den *Schritten durch Blutnebel,* mit *Verzweiflung, Nacht in traurigen Gehirnen* im erfahrenen Krieg, in der Schlacht, in jener Scheune, wo das Gehirn eines Gepeinigten, der sich eine Kugel durch den Kopf jagte, an der Bretterwand klebte, in eine Wirklichkeit hineingestampft, aus der er ins *Unfaßbar-Schwarze* stürzte: *schwarzes Eisen schellt.* Die düstere Seite der Aufklärung: daß nur der Wahrheit gewinne, der beim Blick in die Menschennatur wahrhaftig bleibt, hat übers ‚Ewige Leben' geschwiegen: *Bitter ist der Tod, die Kost der Schuldbeladenen.* Die Ängste waren nicht mehr das Irrationale, ihre dunklen Begründungen waren externalisiert. Hatte noch in *Brot und Wein ein sanftes Schweigen gewohnt,* so schlagen die Schreie der schlafenden Jünger-Gefährten *unter Ölbaumzweigen* in den *Trommelwirbel* um, die Schlafenden tragen *dunkler Krieger Stirnen.*

In welche Heimat er zurückgekehrt wäre, darauf deuten die ersten vier Zeilen des Gedichtes *Die Heimkehr;* sie lauten: *Die Kühle dunkler Jahre, Schmerz und Hoffnung Bewahrt zyklopisch Gestein, Menschenleeres Gebirge.* Kurz vor seinem Tod ist das Gedicht *Die Nacht* im *Brenner* veröffentlicht worden. Kokoschkas Vermutung, es sei von seinem Bild ‚Die Windsbraut' angeregt worden – Trakl sei oft in seinem Wiener Atelier gewesen –, ist ebenso zu bezweifeln wie die Stichhaltigkeit des Eindrucks, hier beschwöre ein Mann wie Trakl in seinen letzten Lebensmonaten in einer großen Rückwendung noch einmal die elementare Natur wie den Fluchtpunkt jener Linie, die ihn der verhaßten Zivilisation entreiße:

Dich sing ich wilde Zerklüftung,
Im Nachtsturm
Aufgetürmtes Gebirge;
Ihr grauen Türme
Überfließend von höllischen Fratzen,
Feurigem Getier,
Rauhen Farnen, Fichten,
Kristallnen Blumen.
Unendliche Qual,
Daß du Gott erjagtest
Sanfter Geist,
Aufseufzend im Wassersturz,
In wogenden Föhren.

Golden lodern die Feuer
Der Völker rings.
Über schwärzliche Klippen
Stürzt todestrunken
Die erglühende Windsbraut,
Die blaue Woge
Des Gletschers
Und es dröhnt
Gewaltig die Glocke im Tal:
Flammen, Flüche
Und die dunklen
Spiele der Wollust,
Stürmt den Himmel
Ein versteinertes Haupt.

Ist von den Elementargewalten der Natur auch die Rede: die Folie, unter der die anderen zu erblicken sind, ist dünn: ein vollkommenes Spiegelbild. Das *aufgetürmte Gebirge* ist das *versteinerte Haupt.*

Daß du den Gott erjagtest Sanfter Geist, Aufseufzend im Wassersturz: Es ist das Hinaufstürmen in einen *schwarzen Himmel von Metall,* der vor dem Sturz nicht bewahrt.

Während der letzten beiden Tage, die Ludwig von Ficker ihn in Krakau sah, las Trakl dem Freund in dem winzigen, einer Gefängniszelle ähnlichen Gemach des Garnisonshospitals nicht nur seine letzten Gedichte, *Klage* und *Grodék,* sondern auch, aus einem Reclamheft, Verse des Spätbarockdichters Johann Christian Günther vor. Es war nicht nur die Lebenstrauer, die ihn mit dem Vorfahren verband. Was ihn tief beschäftigt haben muß an diesem Mann: daß auch er aus dem poetischen Konsens seiner Epoche herausgetreten war und, im Tiefsten was er schrieb, allein von sich selbst gesprochen hatte: nicht einmal bei Gryphius und Fleming hat das eigene Leben in der Dichtung, die sie hinterließen, diesen Hall der Klage über das eigene zerbrochene

Leben. Nun sind Günthers Klagelieder gleichsam – *barokkes Wesen* hätte Goethe es abschätzig genannt – eingehegt in die Liebeslieder, Scherzos, Satiren, Gelegenheitsgedichte; doch verschwinden sie nicht darin, sind nur, emblematisch, umgeben von diesen Vers und Strophe gewordenen Putten und Amoretten. Sehr persönlich wird in ihnen aber jener Ton aufgenommen, den Gryphius und auch Spee ins Menschenelend gezeichnet haben und auf den vor allem Trakls Generation wieder hörte: *Bey stiller nacht / zur ersten wacht Ein stimm sich gund zu klagen* [Spee: *Travvr-Gesang von der noth Christi am Oelberg in dem Garten*], mit der XIV. Strophe: *Der schöne Mon / wil vndergohn / Für leyd nit mehr mag scheinen. Die sternen lan jhr glitzen stahn / Mit mir sie wollen weinen.*

Die furchtbaren, lebenslangen Ängste waren nicht nur in die Realität eingemahlen und wurden diese Realität selbst: sie wurden auch bei Trakl in den Kosmos übertragen. War das nur ein Rekurs auf die Barockepoche? War es allein ein Echo jener doch aus dem Entsetzen noch einmal entkommenen Zeit? Oder hat nicht der Diskurs der Geister auch und immer wieder gerade in seinen dichterischen Äußerungen etwas ganz anderes, tiefer in die Zeiten Zurückgehendes zusammengefaßt?

Den letzten Prosatext, den die historisch-kritische Ausgabe des Trakl'schen Werks als Veröffentlichung im *Brenner* in den Jahren 1914/15 verzeichnet, sein Titel lautet *Offenbarung und Untergang*, prägen Bilder, die, noch im umfassenden Blick auf die Persönlichkeitsgeschichte, rätselhaft zeitentbunden erscheinen. Expressiv verrätselt [*Aufflackert ihr Sterne in meinen gewölbten Brauen; und es läutet leise das Herz in der Nacht*] zum einen, tauchen hie und da Bildsequenzen auf, die an mittelalterlich gefärbte Novellistik erinnern: *Und es sprach eine dunkle Stimme aus mir: Meinem Rappen brach ich im nächtigen Wald das Genick, da aus seinen purpurnen Augen der Wahnsinn sprang; die Schatten der Ulmen fielen auf mich, das blaue Lachen des Quells*

und die schwarze Kühle der Nacht, da ich ein wilder Jäger
aufjagte ein schneeiges Wild; in steinerner Hölle mein Antlitz
erstarb ... Friedlose Wanderschaft durch wildes Gestein ferne
den Abendweilern, heimkehrenden Herden; ferne weidet die
sinkende Sonne auf kristallner Wiese und es erschüttert ihr
wilder Gesang, der einsame Schrei des Vogels, ersterbend in
blauer Ruh.

Nach einem Sinn, der über die Geschichte dieser Bilder
hinausginge, zu fragen, hieße, ihren rätselhaften Charakter
einfach verwerfen. Das wäre überdies ein Widerspruch in
sich selbst: die Rätsel bei Trakl sind die aller Kunst. Deutung kann nur nach anderen Bildern fragen, die die Rätsel
ins Licht bringen, nicht lösen wollen. Um einen ‚Sinn' kann
es also auch in diesem Text nicht gehen: man kann fragen,
wovon er spricht, wovon Sprache noch dort spricht, wo sie
in ihrer Tonlosigkeit ins Schweigen zurücktritt – oder die
verwitterten Züge von Handschriften annimmt, unter denen die Pergamente zerbrochen sind und in einem enigma-
tischen Vorgang die Unentzifferbarkeit des Geschriebenen
fördern. Wovon spricht dieser Text, wovon alles, was Trakl
noch in halbabgebrochenen Entwürfen/Tönen hinterließ:
Stirne im Mund der Nacht? Es ist eine angstdurchdröhnte,
bei ihm kaum noch von zartesten Lauten gemilderte Erinnerungsspur zu einem Ur-Bild, das nun wahrhaft tief in die
Zeiten zurückreicht, und das Karl Kraus mit seinen großen
Sätzen über Trakl als das aller Kunstmotive erfaßt hat. In
dem *Blick, der dem Chaos erstatten möchte, was sie zuviel*
bekommen haben: ist das geradezu schreiende Entsetzen
vor dem Grauen der Vorwelt, das schon das lesende Kind
in seinen schwindelerregenden Bann zieht; das Kind, dessen frühe Grausamkeit gegen das Lebendige nicht nur
Schriftbild seiner Zukunft ist, sondern mächtige Abwehr
dieses nachzitternden Grauens, das der Kreatur auferlegt
ist. Ihren gequältesten Geschöpfen, deren *denkender Blick*
[Kraus] ins Gestein dieses Vorbewußten hinabgefahren ist

und den Schutt der eigenen Jahre als Emblem der vergessenen Zeiten erkannt hat, wird das Kunstwerk, das sie hinterlassen haben, am Ende zur Leuchtspur der Erkenntnis selbst, an die zu gelangen, so Trakl, *man das Glück verachten* müsse. Die dünnen Leuchtfäden noch seines in fahle Zeiten entschwundenen Glücks: waren sie in Wahrheit die Adern im Gestein des Vorwelt-Grauens? Denn selbst sie mögen noch die Schatten mit geworfen haben, die über den endlich ersehnten Frieden seines Innern fielen.

Furchtbar ist der Tod meines Bruders, schrieb Grete Langen, am 19. November 1914, an Ludwig von Ficker, *Gott gebe mir bald die Erlösung, auf die ich harre.*

Ärztliches Protokoll vom 4. November: *Puls verlangsamt, gespannt (Suicid durch Cocainintoxication). Trotz Excitationsmitteln nicht gebessert, um 9 abds exitus letalis.*

Auf Feldpostpapier, in dünn zitternden Lettern, erreichte Ludwig von Ficker, den Freund, der die Hand über die letzten Jahre dieses Lebens hielt, die *Klage:*

> Schlaf und Tod, die düstern Adler
> Umrauschen nachtlang dieses Haupt:
> Des Menschen goldnes Bildnis
> Verschlänge die eisige Woge
> Der Ewigkeit. An schaurigen Riffen
> Zerschellt der purpurne Leib
> Und es klagt die dunkle Stimme
> Über dem Meer.
> Schwester stürmischer Schwermut
> Sieh ein ängstlicher Kahn versinkt
> Unter Sternen,
> Dem schweigenden Antlitz der Nacht.

Zeittafel

1887	geboren am 3. Februar als Sohn des Eisenhändlers Tobias Trakl und seiner Frau Maria geb. Halick in Salzburg
1891	8. August: Geburt der Schwester Margarete
1892	Einschulung in die Übungsschule der katholischen Lehrerbildungsanstalt (Religionsunterricht in der protestantischen Schule)
1897	vom Herbst an Besuch des k. k. Staatsgymnasiums
1904/ 1906	Mitglied des Dichterzirkels ‚Apollo‘ (später ‚Minerva‘)
1905	Versetzung von der siebten in die achte Klasse nicht möglich. Trakl verläßt das Gymnasium und beginnt ein Praktikum in der Apotheke ‚Zum weißen Engel‘ in Salzburg
1906/ 1908	Erste Publikationen. Abschluß der Praktikantenzeit. Am 5. Oktober 1908 Immatrikulation zum Studium der Pharmazie in Wien
1909	Zusammenstellung der ersten Gedichtsammlung (Sammlung 1909)
1910	Sommer: Sponsion zum Magister der Pharmazie. Rückkehr nach Salzburg. Am 1. Oktober Antritt des militärischen Präsenzdienstes als Einjährig-Freiwilliger bei der k. u. k. Sanitätsabteilung in Wien
1911	Beendigung dieses Dienstes. Rückkehr nach Salzburg, Tätigkeit als Rezeptarius in der Apotheke ‚Zum weißen Engel‘. Am 1. 12. Ernennung zum Landwehrmedikamentenakzessisten (nichtaktiv). Gesuch um Aktivierung
1912	Einberufung zum Probedienst und Antritt desselben in der Apotheke des Garnisonsspitals No 10 in Innsbruck. Am 1. 5. veröffentlicht Ludwig von Ficker im ‚Brenner‘ das Gedicht ‚Vorstadt im Föhn‘. Wohl Anfang August: erste Begegnung mit Karl Kraus im Brenner-Kreis. 1. 10.: Übernahme in den Aktivstand als Militärmedikamentenbeamter. Beginnend mit ‚Psalm‘ von jetzt an regelmäßig Publikationen im ‚Brenner‘. 18. 12.: Verlagsangebot durch den Freund Erhard Buschbeck an Albert Langen in München. Am 31. 12. Antritt der Rechnungspraktikantenstelle im Ministerium für öffentliche Arbeiten in Wien

1913   1.1. Gesuch um Entlassung aus der vortags angetretenen Stelle. Rückkehr über Salzburg nach Innsbruck. Bewerbung beim Kriegsministerium in Wien. Albert Langen in München lehnt den Druck der Gedichte ab. Angebot Kurt Wolffs, eine Gedichtsammlung zu veröffentlichen. Ab 15.7. Probedienst als Rechnungspraktikant im Wiener Kriegsministerium. Im Juli erscheint der Band ‚Gedichte‘ bei Kurt Wolff. In der zweiten Augusthälfte Reise nach Venedig mit von Ficker, Kraus, Altenberg, Loos. 4.1.: Reise nach Wien, wahrscheinlich um die Anstellung im Arbeitsministerium nun persönlich zu betreiben. 30.11.: Rückkehr nach Innsbruck. 10.12.: Einzige öffentliche Vorlesung (zusammen mit Robert Michel). 12.12.: Ablehnender Bescheid des Arbeitsministeriums

1914   März: Einsendung des Manuskripts ‚Sebastian im Traum‘ an den Kurt Wolff Verlag. Reise nach Berlin zur Schwester Grete. Begegnung mit Else Lasker-Schüler. Anfang April Rückkehr nach Innsbruck; dort malt er im Atelier Max von Esterles das Selbstbildnis. 6.4.: Kurt Wolff teilt mit, daß er ‚Sebastian im Traum‘ in Verlag nähme. 8.6. Anfrage beim Niederländischen Kolonialamt nach einer Anstellungsmöglichkeit im Kolonialdienst; schon zehn Tage später trifft der ablehnende Bescheid ein. 27.7.: Wittgenstein billigt Ludwig von Fickers Vorschlag, Trakl 20 000 Kronen von seiner dem ‚Brenner‘ zur Verfügung gestellten Summe zukommen zu lassen. Drei Wochen nach Ausbruch des Weltkriegs, am 24.8. nachts, Abfahrt mit einem Militärtransport. Stationierung in Galizien, Einsatz in der Schlacht von Gorodok (Grodék); Anfang Oktober Stationierung in Limanova/Westgalizien. Am 7. Oktober Einweisung in das Garnisonshospital in Krakau ‚zur Beobachtung seines Geisteszustandes‘. 24./25. Oktober: Besuch Ludwig von Fickers in Krakau. Wittgensteins Besuch (5.11.) kommt zwei Tage zu spät: Trakl stirbt am 3. November abends neun Uhr an einer Überdosis Kokain. Beisetzung auf dem Rakowiczer Friedhof

1915   Veröffentlichung des Zyklus ‚Sebastian im Traum‘ mit dem Copyright-Vermerk 1914

1925   Überführung der Gebeine Trakls nach Mühlau bei Innsbruck

Bibliographische Notiz

Diese Arbeit ist der von Walther Killy und Hans Szklenar herausgegebe-
nen historisch-kritischen Ausgabe [*Dichtungen und Briefe.* 2 Bände. Salzburg: Otto Müller, 1969] dankbar verpflichtet. Sie macht keinen Anspruch darauf, einen Beitrag zur Trakl-Forschung zu leisten, verweist
daher auch nicht ausdrücklich auf den mustergültig erarbeiteten Lesarten-
apparat der HKG, auf verschiedene Fassungen der Dichtungen sowie auf
Jutta Nagels exemplarische Leistung in der Datierungsarbeit, geht aber [in
den kursiv gesetzten und im einzelnen aus Gründen besserer Lesbarkeit
nicht gekennzeichneten Zitaten] auf die der HKG zugrunde liegende
Ausgabe zurück: *Dichtungen und Briefe.* Herausgegeben von Walther Killy und Hans Szklenar. Textidentisch mit Band I der historisch-kritischen
Ausgabe. Salzburg: Otto Müller Verlag, ³1974. Auch auf die Forschungs-
literatur ist nicht eingegangen. Sie ist erfaßt in: *Walter Ritzer: Trakl-
Bibliografie.* Salzburg, ²1983; ebenso in: *Christa Saas: Georg Trakl.* Stuttgart,
1974.

Literatur

Theodor W. Adorno: Ästhetische Theorie. Herausgegeben von Gretel
Adorno und Rolf Tiedemann. Gesammelte Schriften Band 7. Frankfurt/
M., 1970
Charles Baudelaire: Ausgewählte Gedichte. Deutsch von Walter Benjamin.
Frankfurt 1979
Charles Baudelaire: Raketen [*Fusées*]. Die beiden Tagebücher nebst auto-
biografischem Entwurf. Hrsg. von Erich Oesterheld. Berlin 1909
Walter Benjamin: Angelus Novus. Ausgewählte Schriften 2. Frankfurt 1966
Walter Benjamin: Briefe. Hrsg. Gershom Scholem und Theodor W. Ador-
no. Frankfurt 1966
Walter Benjamin: Das Passagen-Werk. Herausgegeben von Rolf Tiede-
mann. Gesammelte Schriften V, 1–2. Frankfurt 1983
Goethe: Werke. Hamburger Ausgabe. Hrsg. Erich Trunz. München ¹²1981
Søren Kierkegaard: Die Leidenschaft des Religiösen. Eine Auswahl aus
den Schriften und Tagebüchern. Hrsg. Liselotte Richter. Stuttgart 1953
Walther Killy: Über Georg Trakl. Göttingen 1960
Friedrich Nietzsche: Werke. Hrsg. Karl Schlechta. München ³1960
Johann Gottfried Seume: Werke in zwei Bänden. Hrsg. von Anneliese und
Karl-Heinz Klingenberg. Berlin/Weimar ²1965
Hans Wollschläger: „Tiere sehen dich an" oder Das Potential Mengele.
Die Republik Nr. 79–81. Salzhausen-Luhmühlen 1987